suhrkamp taschenbuch 4731

W0465533

Sarah Khan

Das Stammeln der Wahrsagerin

Unglaubliche Geschichten hinter Kleinanzeigen

Suhrkamp

Erste Auflage 2017
suhrkamp taschenbuch 4731
Originalausgabe
© Suhrkamp Verlag Berlin 2017
Suhrkamp Taschenbuch Verlag
Alle Rechte vorbehalten, insbesondere das der Übersetzung,
des öffentlichen Vortrags sowie der Übertragung durch
Rundfunk und Fernsehen, auch einzelner Teile.
Kein Teil des Werkes darf in irgendeiner Form
(durch Fotografie, Mikrofilm oder andere Verfahren)
ohne schriftliche Genehmigung des Verlages reproduziert
oder unter Verwendung elektronischer Systeme
verarbeitet, vervielfältigt oder verbreitet werden.
Umschlag: ErlerSkibbeTönsmann
Umschlagabbildung: plainpicture/Thomas Grimm
Druck: CPI – Ebner & Spiegel, Ulm
Printed in Germany
ISBN 978-3-518-46731-2

Der Name des Sofas

Zu verschenken & tauschen
Großes, schweres Sofa mit dicken Daunenkissen. Das Sofa war sehr teuer, ist aber jetzt stark abgesessen. Die Kissen und das Polster sind prima, der Segeltuchbezug ist aber am Ende. Er ist aber austauschbar und möglicherweise kann man einen neuen Bezug kaufen. Das Sofa ist zu verschenken und in Berlin-Tiergarten abzuholen.

Ich rufe den Anbieter an. Das Sofa ist nicht mehr da, sagt der Mann, aber er ist gerne bereit, mir von seiner Verschenk-Erfahrung zu berichten, ich soll gleich vorbeikommen. Schnell radle ich zu seinem Büro im Hansaviertel. Herr Stein ist Ende dreißig, kreativer Freiberufler, Hundehalter und ein überzeugter Bewohner des Hansaviertels, ein in den 1950er Jahren auf den Weltkriegsruinen gebautes, explizit modernistisches Viertel, das von internationalen, namhaften Architekten entworfen wurde.

»Ich bin das Sofa mit Krampf nur losgeworden«, sagt er. »Es gab in all den Wochen kaum Reaktionen auf die Anzeige: Heute Sie, dann drei oder vier Möbeltransportdienste, die ihre Dienstleistungen anboten, und ein Zahnarzt. Ich wäre es leichter losgeworden, wenn ich es für hundert Euro reingestellt hätte. Was nichts kostet, taugt auch nichts, so denken die Leute doch.« Er erzählt, was alles geschehen musste, bis er das Sofa endlich los war, wobei er mehrmals betont, dass er das Sofa auch gerne mit einer Axt zerkleinert oder aus dem Fenster geschmissen hätte – »ich bin da nicht so emotional«, sagt er wiederholt –, was im Gegenteil einen bestürzend emotionalen Eindruck macht. Ich spüre in ihm einen Groll, als sei mit dem Sofa eine schwierige soziale Verantwortung verbunden gewesen, die er eigentlich ablehnte und der er doch nachkommen musste. Er wusste nur, dass das Sofa in den 1990er Jahren hergestellt wurde und damals sehr teuer war, aber den Hersteller kannte er nicht, und es interessierte ihn auch nicht, diesen zu erfahren. Jede Frage nach Marke, Hersteller oder Designer wehrte er entschieden ab. »Ich hätte auch keine Probleme gehabt, es aus dem Fenster zu schmeißen.«

Der Schenkversuch bei eBay Kleinanzeigen verlangte ihm viel Geduld ab. Dreimal kam der interessierte Zahnarzt vorbei, bevor er sich endgültig entschied. Einmal kam er sogar mit seiner Mutter. Wieso? Das erfahren Sie in folgender Geschichte.

Wenige Stunden bevor die Anzeige erschien, an einem Arbeitstag kurz nach eins, als der Beagle Rudi an der Bürotür kratzte, worauf Ronan Stein den Computer auf Ruhemodus stellte, sich erhob und nach der Hundeleine griff, begegnet er nach wenigen Schritten im nahe gelegenen Tiergarten seinem Freund und Kollegen Mats. Nachdem sie sich über Neuigkeiten aus ihrer Branche ausgetauscht hatten, kam Ronan auf ein Thema zu sprechen, das ihn gerade beschäftigte. »Ich will mein Sofa loswerden, nicht das billige Ikea-Ding im Büro, ich meine das grüne Sofa in meiner Wohnung, das früher einmal sehr teuer war.«

»Ich brauche kein Sofa, aber danke.«

»Am liebsten würde ich es aus dem Fenster schmeißen.«

»eBay Kleinanzeigen.«

»Daran dachte ich auch schon, aber ich bin kein Verkäufer.« Das zuzugeben gab ihm einen Stich, denn Mats war im Gegensatz zu ihm ein geborener Verkäufer, der sich selbst prima vermarkten konnte und durch seine bei eBay geschalteten Kleinanzeigen ständig etwas dazuverdiente. Stets fand Mats in Kellern, auf Baustellen oder am Straßenrand skurrile Lampen, runzelige Tische oder Objekte, die er säuberte, fotografierte und dann in ein erkleckliches Taschengeld verwandelte. Aber so ein Mensch war Ronan nicht. »Ich schmeiße lieber weg. Sachen einpacken und versenden und bei der Post lange Schlange stehen, das ist mir, ehrlich gesagt, zu viel Stress. Erst recht bei einem Sofa.«

»Dann schreib in die Anzeige: kein Versand, nur Abholung«, riet ihm Mats. »So beschränkst du es auf Berlin.« Ronan löste die Leine, damit Rudi auf die Wiese rennen konnte. Sie blieben stehen und sahen ihm schweigend nach, dann liefen sie an den Kastanien entlang um die große Wiese herum in Richtung Schloss Bellevue.

»So könnte ich es machen«, sagte Ronan. »Wenn ich es verschenke, kann ich auch verlangen, dass die Leute es selbst runtertragen.«

»Du wirst sehen, das funktioniert. Irgendjemand sucht immer genau das, was du gerade anbietest. Ich bin da noch nie etwas nicht losgeworden. Man braucht nur Geduld.«

»Wenigstens bin ich nicht so der emotionale Typ«, sagte Ronan ohne jeden Zusammenhang, was zu bemerken ihm wieder einen Stich gab, aber den hielt er jetzt besser aus. Am frühen Abend setzte er die Anzeige rein. Er ging davon aus, dass schon bald jemand zur Besichtigung erscheinen würde.

Er wollte es dem Sofa vorher sagen, damit es nicht aus allen Wolken fiel. Er war nervös und wusste nicht recht, wie er es am geschicktesten anstellen sollte. Zunächst schaffte er benutztes Geschirr aus dem Wohnzimmer, machte aus den verstreuten Büchern und Zeitschriften ordentliche Stapel und staubsaugte über den grauen, geschliffenen Betonboden. Dann setzte er sich aufs Sofa und strich sinnierend über den abgewetzten und ausgeblichenen Segeltuchbezug. Er spürte, wie unduldsam ihn allein die Farbe machte, dieses tiefe, verträumte Grün, in dem sich Meerjungfrauen verstecken mochten oder ein Haufen sorgloser Eliteschüler, die den ganzen Sommer auf mit Picknickkörben beladenen Tretbooten verbrachten.

»Was ist heute bloß los mit dir, Ronan«, sagte es da. »Das *heute journal* hat übrigens längst angefangen.«

»Wir werden einen Schnitt machen, du und ich. Schau mal, dies ist eine Egon-Eiermann-Wohnung, und du bist ein 90er-Jahre-Sofa, das wäre nicht mehr lange gut gegangen mit uns beiden. Du kommst hier auch gar nicht richtig zur Geltung. Deshalb habe ich mich entschlossen, mich von dir zu trennen.«

»Aber ich bin das Geschenk von Chandra. Sie schenkte mich dir, als ihr Schluss gemacht habt und Freunde bleiben wolltet.«

»Das ist jetzt fünfzehn Jahre her. Und Chandra hat mich kürzlich ausgelacht, als ich ihr sagte, dass ich immer noch mit dir lebe. Als wäre ich noch der Student von damals, der mit geschenkten Möbeln in seine erste Bude zieht. Nein. Jetzt muss etwas Repräsentatives her.«

»Du hättest mich längst aufarbeiten lassen können. Es ist eine Schande, wie du mit mir umgehst. Die Bezüge hast du nur einmal reinigen lassen. Für neue Bezüge warst du zu knauserig.«

»Das hätte mich über tausend Euro gekostet.«

»Seit Monaten jammerst du, dass die Auftragslage schlecht ist und du zu miesen Jobs gezwungen bist. Und jetzt soll plötzlich etwas Repräsentatives her? Das passt nicht zusammen.«

»Ich habe einen Kumpel, Torsten, der ganz groß mit Mid-Century-Möbeln handelt. Er gibt mir ein Sofa im Wert von fünftausend Euro. Fast geschenkt. Ich weiß noch nicht, ob es ein Le Corbusier oder doch lieber ein Eileen Gray wird, aber diese Gelegenheit wirst du mir nicht versauen. Du bist halt ... dein Stil ist ... viel zu ... gemütlich für mich.« Ronan Stein war zufrieden, denn nun war es still. Er stand auf und wollte zu der Fernbedienung greifen, die auf dem dänischen Teakholztisch hinter einem gelben Zierkürbis lag, da zischte es: »Dieser Torsten schenkt dir doch nicht einfach so ein Sofa. Was ist das für ein Deal?« Ronan seufzte und setzte sich wieder. »Ich texte den neuen Web-Auftritt für seine Firma und wir entwickeln ein Social-Media-Konzept.«

»Wochenlange Arbeit ohne Lohn? Nur für eine Eileen-Gray-Schlampe? Womöglich ein Lederflittchen in Schwarz? Und ich soll ein gemütliches Auslaufmodell sein? Entschuldige, aber da muss ich doch sehr lachen.«

Ronan versetzte dem Sitzkissen einen Handkantenschlag. »Ich schmeiße dich doch nicht auf den Müll. Du kommst zu anderen Leuten.«

»Schämst du dich nicht, mich den Blicken wildfremder Menschen auszusetzen? Schau dir die Verschleißrisse an, die ausgeblichenen Stellen, und dann der Fleck, auf dem du gerade deinen Hintern platzierst – von wem ist der wohl? Sieht jeder, was das ist.«

»Das war Soße, und ich hab den Fleck gut rausbekommen, den sieht man gar nicht mehr.« – »Für mich sieht der Fleck wie Sperma aus.« – »Deshalb bist du auch zu verschenken.« – »Du mieser Sack!« – »Am liebsten würde ich dich aus dem Fenster schmeißen.« – »Ich passe aber nicht durch diese kleinen Egon-Eiermann-Fenster!«

»Du passt überhaupt nicht hierher!«

»Hier wohnen nur Loser! Mach deine Retro-Scheiße doch alleine mit deinem neuen Mid-Century-Flittchen. Das zeugt nicht gerade von dem emanzipierten Geschmack eines Erwachsenen! Du Mid-läufer!«

Ronan war verblüfft, dass sich nach einer Woche immer noch niemand gemeldet hatte. Sicher, die Konkurrenz war groß, der reinste Ikea-Friedhof tat sich bei eBay Kleinanzeigen in der Rubrik »zu verschenken & tauschen« auf. Es gab dutzende fleckige, von Katzen zerkratzte, ausgebeulte, zerschlissene und auch gründlich verschissene Sofas, die jahrhundertelang in WG-Kerkerküchen gedient haben mussten. Mit Horrorlust klickte er sich durch die Angebote: *»Leder Couch Sofa, gelb, zu verschenken. Ich biete eine gelbe Leder Couch für Selbstabholer. Die Couch ist komplett mit Leder umzogen, also auch auf der Rückseite (falls sie frei stehen soll). Allerdings müsste die Liegefläche gereinigt werden. Den Überwurf (Decke) gibt es gratis dazu. Ach und noch was, bitte zu zweit kommen, kein »Fass mal mit an« oder so. Das Teil steht in Friedrichshain.«* Schauder. Würg. In diesem Wettbewerb kostenloser Brutalo-Geschenke verortete Ronan seine Anzeige als herausragend: Das grüne Sofa, das einmal sehr teuer gewesen ist, hob sich von diesen Untoten deutlich ab, auch wenn der Bezug wirklich am Ende war. Aber es besaß Klasse, ein Begriff, in dessen Nähe all die gewöhnlichen Polstersofas vom schwedischen Möbelhaus mit ihren filzig-fleckigen Wolldeckenüberwürfen niemals kommen würden. Nach zwei Wochen dann die erste Reaktion per Mail: »Sehr geehrter Anbieter, wir erlauben uns, Ihnen ein Angebot zur Entsorgung Ihres Sofas machen zu dürfen: Für nur 50 Euro inklusive fahren wir Ihr Sofa zum Recyclinghof.« Eine weitere Woche verging und Ronan zahlte 2,49 Euro, damit die Anzeige oben blieb und nicht in der Flut der Ekel-Couchen unterging. Schließlich meldete sich telefonisch der erste wahre Interessent. »Können Sie mir sagen, von welchem Designer oder Hersteller das ist?«

»Nein«, sagte Ronan, »aber es war einmal sehr teuer. Etwa sechstausend Mark hat es damals gekostet.«

Der Interessent sagte, er würde gerne vorbeikommen, er sei Zahnarzt und habe mittags kurz Zeit. Ronan bat darum, in seinem Büro abgeholt zu werden, das Wohnhaus sei nicht weit entfernt. Der Mann erschien pünktlich, er war Mitte dreißig und wirkte mit seinem glatten, rotwangigen Gesicht noch eine Spur jungenhafter als Ronan Stein. Er trug Collegeschuhe zur Jeans und trotz des kühlen Tages keine Jacke, nur einen langen Schal über den Schultern. Auf dem Weg in die Wohnung sprachen sie nicht, und als der Beagle Rudi bockig stehen blieb – natürlich wollte er lieber in den Park –, leinte Ronan ihn an und zog ihn hinter sich her. Noch im Aufzug in den neunten Stock betonte Ronan, dass er ein überzeugter Hansaviertel-Bewohner sei und nun plane, seine Einrichtung stärker auf diese wunderbare Architektur des Egon Eiermann abzustimmen, deshalb sei es auch keine Option für ihn, das Sofa zu ertüchtigen. Noch bevor die Fahrstuhltür sich öffnete, erklärte der Interessent, dass er erst vor einem Jahr nach Berlin gezogen sei. Im Treppenhaus kam ihnen ein unangenehmer Geruch von Bratfisch entgegen, der auch schon in Ronans Wohnung gezogen war. Gereizt öffnete er die Fenster, denn er wollte solche nachbarschaftlich bedingten Geruchserlebnisse nicht mit einem zufälligen Interessenten teilen müssen. »Ich hätte auch nichts dagegen«, dachte er, »das Sofa einfach aus dem Fenster zu schmeißen oder die Axt zu nehmen und es zu Kleinholz zu machen.« Die Reaktion des Zahnarztes war verhalten. Ronan hatte keinen Jubelschrei erwartet, aber ein bisschen mehr Entschlossenheit, Spontanität, Eindeutigkeit. Das Kleinkrämerhafte der Situation kam ihm so beknackt vor. Wie hasste er das. Der Interessent bat darum, die Rücken- und Sitzkissen abnehmen zu dürfen, er wollte sich das Gestell genauer anschauen. Ronan sah zu, wie der Mann am Gestell rüttelte, auf die Polster klopfte, mit der Hand in die Ritzen fasste und sie langsam durchschob, und wie jetzt Staub und Krümel und auch noch ein Exemplar von Ronans guten Socken zum Vorschein brachte. Der Mann legte sich flach auf den geschliffenen Betonboden, schaltete die Taschenlampe des Handys an und besah sich den Unterboden. »Und Sie erinnern sich nicht, von welcher Firma es stammt? Oder aus welchem Land es kommt? Italien? England? Skandinavien? Der Stil ist nicht eindeutig, würde ich sagen. Könnte alles sein.«

»Es war sehr teuer. Die Familie, von der ich es bekam, war sehr wohlhabend und gab immer viel Geld für Möbel aus.«

»Ja, das sagten Sie schon, und das merkt man auch. Trotzdem wäre es schön, den Hersteller zu kennen.« Er legte die Kissen wieder zurück und taxierte das Sofa noch einmal scharf. »Darf ich es fotografieren?« Von allen Seiten machte er Bilder. »Ich überlege es mir«, sagte er abschließend und ging. Ronan schloss die Fenster und gab dem Beagle Wasser.

»Oh, là, là, was war denn das?«, fragte es.

»Macht einen auf Designexperte und setzt sich nicht einmal hin. So ein Anfänger«, antwortete Ronan.

»Aber wie der mich ansah und dann herumfummelte, ein echter Draufgänger.«

»Das will ich bezweifeln. Er ist Zahnarzt.«

»Meinst du, er würde mir wirklich einen Originalbezug bestellen? Und vielleicht auch neue Gänsedaunen für die Kissen?«

Ronan verließ im Eiltempo die Wohnung. Als er abschloss, hörte er es noch: »Ich glaube, ich bin verliebt!«

Zurück im Büro, erwarteten ihn zwei neue Mails von eBay Kleinanzeigen: »Das Möbeltaxi entsorgt schnell und kompetent.« – »Max und Milo Möbelabtransporte, rufen Sie an, wir kommen sofort und tragen alles weg.«

»Avarit ist nicht einfach nur ein Sofa. Avarit ist eine besondere Art, Raum für sich zu nutzen.« Und doch war *Avarit* von Bonaldo nicht genau, was Harald Duplessis, jener Interessent und Zahnarzt, für sich wünschte. Wieder einmal verbrachte er seinen Feierabend in einem Möbelgeschäft. Den ganzen Tag hatte er im Philipp-Pfaff-Institut künftige Dentalhygieniker/-innen und Prophylaxeassistenten/-innen in der Fertigkeit der Zahnreinigung ausgebildet. Jetzt, im Stilwerk in der Kantstraße, schlenderte er von einem Designershop zum nächsten, von BoConcept zu Poltrona Frau, zum Designforum. Als er vor dem weißen *Avarit* von Bonaldo stand, in der Hand einen Werbeprospekt voll fantastischer Worte, spürte er Ratlosigkeit. Man hatte ihn bisher in Ruhe gelassen, aber jetzt kam ein geradezu schwebender Verkäufer mit schwarzem Rollkragenpulli und Mokassins auf ihn zu, der ein Namensschild trug, auf dem »Director« stand. »Haben Sie eine Frage?«

»Ich schaue noch.« Gerne hätte er dem Director die Fotos von dem grünen Sofa unter die Nase gehalten und ihn gefragt, ob er es identifizieren könne. Aber der grüne Bezug war so verschlissen, und auf einem der Bilder war eine Socke zu sehen, er würde sich bei diesem Ästheten doch nur lächerlich machen. Das Problem mit diesen High-End-Läden war doch, dass sie nur aktuelle Modelle präsentierten, Klassiker waren hier nur wenige ausgestellt, und ältere Modelle schon gar nicht. Gab es hier vielleicht trotzdem etwas zu lernen? Die Formensprache der Sofas. Harald Duplessis strengte sich an, um sie besser zu verstehen. Es gab tiefe und hohe Formen, es gab filigrane und ausladende Raumideen, es gab Chromgestelle, Holzgestelle, es gab Leder- und Textilbezüge, es gab dezente Farben und aufregende Farben, es gab Modulsysteme, kissenfreie und kissenüberladene Flächen, es gab Ideen für Armlehnen, mit ausklappbarer Buchablage oder versenkbarer Mechanik. Sein Herz klopfte, als er ein Modell sah, das ihn in unbestimmter Weise an das grüne Sofa erinnerte. Er verglich es mit den Fotos im Handy. Er betrachtete die Sitzkissen, die L-förmig die Armlehnen umspielten und an das ähnlich geformte grüne Sofa erinnerten. Er sah sich nach dem Director um, der sofort zu ihm kam. »Wie nennt man diese Form?«, fragte Harald Duplessis. »Mit den L-förmigen Sitzkissen?«

»Der aktuelle Wohntrend definiert das als Landhaus-Stil«, antwortete der Director, »mit Textilbezug und breiten, tiefen Sitzen für komfortable Wohnerfahrungen. Diese Grundform mit den verkürzten Armlehnen aber gibt es schon seit dem Barock. Damals brauchten die Herrschaften für ihre ausladenden Roben und Garderoben möglichst viel Platz.« Mit den Armen definierte er in der Luft einen weiten Raum um seine Hüften herum, als würde er einen bauschigen Rock tragen.

Harald bedankte sich, war aber verwirrter als zuvor. Landhaus-Barock? Was sollte das bitte schön sein? Unten in der Lobby trank er im Stehen einen Cappuccino, aß ein Marzipan-Croissant und hörte dem Pianisten zu, wie er »I get a kick out of you« spielte. Er wippte mit dem Fuß, löschte im Handy alle Bilder vom grünen Sofa und blätterte mit der eBay App durch weitere Sofa- und Design-Kleinanzeigen, die ihn aber gleichgültig ließen. Weitere Schritte in diese Richtung unternahm er nicht. Erst als seine Mutter, die er nur Lenchen nannte, in die Stadt kam, warf er die Frage wieder auf. Lenchen besuchte einen Kongress für Zahnheilkunde und wollte den darauf folgenden Tag, der ein Samstag war, mit ihrem Sohn verbringen. Er holte sie im Hotel ab. »Aber Harald, hast du denn gar keine Jacke dabei?«, war das Erste, was sie sagte.

»Ich friere überhaupt nicht, Lenchen.«

»Für mich sieht es nach Regen aus. Berlin ist immer sehr windig.«

Sie bestand darauf, dass er ihren Regenmantel mitnahm, wenigstens in einer Plastiktüte. Sie wollten einen Spaziergang machen und anschließend in einem Restaurant essen. Sie liefen durch Einkaufsstraßen, die voller Menschen waren, liefen an den Rändern des Zoologischen Gartens entlang und kamen schließlich an den Landwehrkanal. Auf einmal befanden sie sich im Hansaviertel. Harald hatte nicht wahrhaben wollen, wie entschlossen seine Schritte ihn dorthin lenkten. »Wo wir schon einmal hier sind, würde ich dir gerne etwas zeigen, Lenchen. Vielleicht haben wir Glück und er ist da.« Er führte sie zu dem Haus, in dem der Hundehalter mit dem grünen Sofa sein Büro hatte, und klingelte. Ronan Stein öffnete, in der rechten Hand sein Handy, das er demonstrativ dreißig Zentimeter vom Ohr weg hielt.

»Entschuldigen Sie den Überfall, aber wir sind zufällig in der Gegend. Ist das Sofa noch zu haben?«

»Das Sofa ist noch da«, sagte Ronan Stein, als könne ihn nichts auf der Welt überraschen, am wenigsten diese Frage.

»Ich würde es gerne nochmal sehen, meine Mutter ist jetzt da.«

»Lassen Sie mich nur kurz ein Telefonat beenden.« Er nickte der Mutter zu und schloss die Tür. Nach zehn Minuten kam er heraus und führte Mutter und Sohn in seine Wohnung. Lenchen setzte sich sofort auf das grüne Sofa und hüpfte von einem Sitz zum anderen. »Und Sie verschenken das?«

»Es war damals recht teuer, aber zu meinem Wohnstil passt es nicht mehr.«

Harald suchte abermals das Gestell ab, ob er nicht doch noch ein Label oder einen Stempel fand, irgendeinen Anhaltspunkt. Lenchen rührte sich nicht vom Fleck und zelebrierte ihre Belustigung über die Verrenkungen ihres Sohnes.

»So wie in diesem Viertel hat man früher gerne gewohnt«, sagte sie an Ronan Stein gewandt. »Das war mal sehr modern, aber ich wohne lieber im Altbau.«

»Ich habe nicht viel Zeit heute«, antwortete Ronan Stein, als er begriff, dass der Interessent auch heute keine Entscheidung treffen würde. Er schaute hektisch auf die Armbanduhr. »Dringender Abgabetermin.« Bevor sie sich verabschiedeten, schoss Harald noch schnell einige Fotos und seine Mutter äußerte den Wunsch, Wiener Schnitzel zu essen. Ronan Stein ahnte, dass er den unentschlossenen Zahnarzt bald wiedersehen würde, als er am Abend eine Tüte mit einem Regenmantel hinter dem Sofa entdeckte.

Harald Duplessis war durchaus klar, dass ihm jemand das grüne Sofa wegeschnappen könnte. Das Risiko bestand natürlich. Deshalb musste er so schnell wie möglich zu einer Entscheidung finden. Am Abend, nachdem er Lenchen wieder in ihrem Hotel abgeliefert hatte, setzte er sich in ein Café und begann auf seinem Smartphone so systematisch wie möglich Möbelhersteller, Designer und Design-Blogs durchzusehen. Er klickte sich durch eine Enzyklopädie der Sofas und trank erst Kaffee, dann Bier, später Wein. Dann und wann fand er ein Sofa, das wie ein Imitat des grünen Sofas wirkte. Aber diesen Imitaten fehlte es an wesentlichen Kleinigkeiten, wie beispielsweise die zusätzlichen Nierenkissen aus demselben Bezugsstoff, die die Mittelritze quer überdeckten. Auch die Besonderheit verkürzter, gerundeter Armlehnen, die auf ganz schlichte Weise abgesteppt waren, entdeckte er bei einigen Modellen, nur dass die Imitate auch an dieser Stelle weniger durchdacht, weniger von dem Gedanken der Einfachheit durchdrungen waren. Mit dem Gefühl, nun sehr viel orientierter zu sein, dabei aber das Mysterium gleichzeitig vertieft zu haben, ging er nach Hause und kochte sich Nudeln mit Fertigsoße. Er blieb bis tief in die Nacht in der Küche sitzen und führte seine Recherchen im Internet fort. Er sprach laut vor sich hin, dem Bildschirm zugewandt, und wie ein planloser Zauberlehrling rührte er den Trank mit falschen Zutaten: »Moroso!«, sagte er, und die Wohnwelt von Moroso tat sich vor ihm auf. Fehlanzeige. »Amura!«, doch nein, das war es nicht. »Cassina!«, schrie er, das Modell *253 Nest* war die heißeste Spur, die er bislang gefunden hatte. Obwohl er schnell erkannte, dass das kein Treffer war, da *253 Nest* ein Chromgestell besaß. Dennoch war dieses italienische Sofa doch ähnlich genug, um als naher Verwandter des grünen Sofas bezeichnet werden zu können. Er las sich in die Firmengeschichte von Cassina und die Werkbiografie des Designers Piero Lissoni ein. 1956 geboren, zunächst Architekt, wurde aus ihm ein maßgeblicher Industriedesigner. Doch war dies eine Sackgasse, wie in dieser Nacht auch die Wege zu Zimmer & Rohde, Zanotta, Wittmann, Brühl zu Sackgassen wurden. Von Ritzwell kam das Modell *cozy bois* in Frage, aber es wurde erst 2008 gelaunched. Er versuchte, es systematischer anzugehen, indem er Hersteller identifizierte, die mit Rückenkissen aus hundert Prozent reinen Gänsedaunen arbeiteten. So lernte er das Modell *Folk* von Sancal kennen, aber das wurde erst 2011 eingeführt und kam deshalb auch nicht in Frage. Das Leben des Zahnarztes Harald Duplessis stand still. Sonntagmittag war er bei einem befreundeten Paar zum Brunch eingeladen, er brachte zwei Flaschen Öko-Birnensaft mit und unterhielt sich mit einer sympathischen Biologin, die feines rotes Haar besaß, über Teesorten. Sie schien auch Single zu sein, was er sehr sympathisch fand. Er unterdrückte den starken Impuls, ihr die Fotos vom grünen Sofa zu zeigen. Gleichzeitig versprach er sich selbst, hoch und heilig, sie anzurufen, sobald das richtige Sofa in seinem Wohnzimmer stand.

»Wieso nimmst du mich nicht so, wie ich bin?«, hörte er das grüne Sofa fragen, als er zuhause seine Internet-Recherche fortsetzen wollte.

»Ich muss wissen, woran ich bin«, antwortete er. »Ob sich der Aufwand mit dir lohnt. Dazu brauche ich deinen Namen. Willst du denn gar nicht wissen, wer du eigentlich bist? Woher du kommst? Wie du heißt?«

»Vielleicht war ich nie so teuer, wie man mir nachsagt. Vielleicht lügt Ronan, nur um mich schneller loszuwerden.«

»Ja, das kann natürlich sein. Vielleicht gibt es solche Geschenke wie dich gar nicht.«

Er ließ sich nicht entmutigen und machte einfach weiter mit der Suche, las Einrichtungsblogs, betrachtete Sofagebilde, las über Designer und suchte Hersteller, bis er es fand. Der plötzliche Fund war mit keinem besonderen Gefühl verbunden. Es war keine Spitze, keine Ekstase. Es war eher ein breit aufgestelltes Gefühl, eine Welle der Gewissheit, die ihn seelisch leichter machte. Er war stolz. Er hatte sich in eine Obsession hineingesteigert, entgegen seinen sonstigen Gewohnheiten, und fast wäre er in der verwirrenden Welt der Raumdesigns verloren gegangen. Aber jetzt war seine Hartnäckigkeit reich belohnt worden: Das Sofa hatte die italienische Firma De Padova hergestellt, es hieß *Raffles* und der Designer war Vico Magistretti. Magistretti ist mit seinen Entwürfen in der Designsammlung des Museum of Modern Art in New York vertreten und er ist ein Gigant des europäischen Industriedesigns des

20. Jahrhunderts. 1920 geboren, starb er erst vor wenigen Jahren. Magistretti kreierte *Raffles* 1988, und es wird von der Mailänder Firma De Padova bis heute produziert. Im aktuellen Katalog ist das Modell in Grau und Weiß abgebildet, aber in den 1990er Jahren waren stärkere Farben wie Grün oder Rot angesagt. *Raffles* im vorliegenden Format von 2,10 m Länge kostet laut Preisliste ab 4788 €. Die Originalbezüge waren in mehreren Varianten nachbestellbar, Harald Duplessis rechnete mit 1500 Euro, die er noch investieren müsste. Der Katalogtext war das reinste Gedicht, und er sprach ihn nicht nur als Mensch, sondern auch als Zahnarzt an. Das Wort von der »angespannten Haltung« traf ihn in Herz und Hirn. Er wusste ja besser als sonst jemand, was Angespanntheit bedeutete, gerade im Hinblick auf die Ausbildung junger Menschen zum Prophylaxeassistenten und zur Prophylaxeassistentin. Die meisten Auszubildenden waren unheimlich verspannt, trauten sich nicht, sich mit dem Handteller am Unterkiefer des Patienten festzuhalten, sondern arbeiteten in verspannter und unbalancierter Haltung, mit viel zu wenig Kraft in den Instrumenten, und konnten deshalb den Zahnbelag nicht ordentlich entfernen. Die von De Padova im Katalog formulierte Philosophie von *Raffles* beschrieb sein Handwerk besser, als er es selbst hätte tun können, und im Grunde bestätigte ihm der Text, dass er selbst, der ja ein Experte für Zahnprophylaxe war, ein extrem entspannter Typ war, der auch die nette Biologin, die Tee so liebte, anrufen würde. Dieser Weg war der Richtige.

»Vico Magistrettis Sofa-Modell Raffles blickt auf eine lange Ahnenfolge zurück – und profitiert heute von leicht entspannteren Verhältnissen, wenn seine bombierten, dicken Kissen einladen, sich hineinfallen zu lassen, zu fläzen, sich lang hinzustrecken – kurz: angespannter Haltung die lange Nase zu

zeigen. Mit seiner außerordentlich großen Sitztiefe ist es ideal für jenes Buch, das man nicht aus der Hand legen mag, lange Filmnächte oder lauschiges Kuscheln vor dem Kamin; Raffles ist spezifisches Refugium, um zu verwöhnen und sich verwöhnen zu lassen.«

Er schickte Ronan Stein in der Nacht noch eine Nachricht: »Ich nehme das Sofa!! Noch zu haben?? Melde mich später wg. Abholung.«

Am nächsten Morgen antwortete der: »Sofa da. Abholung diese Woche? Kann Ihnen gerne diverse Firmen für Möbeltransporte nennen.«

Beim Wiedersehen hielt ein enthusiastischer Harald Duplessis einem mürrischen Ronan Stein das Handy unter die Nase: »Schauen Sie, ich hab's gefunden. Es ist von De Padova und heißt *Raffles*, es wird seit 1988 bis heute gebaut. Es ist immer noch sehr teuer. Ist das nicht großartig?« Ronan Stein stolperte überfordert zurück. Nicht nur, dass er weitsichtig war, er wollte es einfach nicht wissen, und er vergaß den Namen auch augenblicklich wieder. Er hatte es nur los sein wollen – war das zu viel verlangt? Er wollte diesem Zahnarzt nichts Gutes getan haben, und vor allem wollte er nicht mit dem Hinweis belämmert werden, sich von einem hohen Wert getrennt zu haben. Er war nicht dumm. Er hatte eigene Probleme. Und deshalb hätte es auch eine Axt getan oder ein offenes Fenster. Dass das Stück nun, auf sanfte Weise, von zwei Möbelpackern der Firma Max und Milo Möbeltransporte durch die Tür getragen wurde – reiner Zufall. Oder nenn es eBay Kleinanzeigen. Aber mehr war es nicht. Harald Duplessis bemerkte sehr wohl, dass Ronan Stein den Ignoranten nur spielte, das aber auf eine so energische Art, dass er keinerlei Lust mehr verspürte, ihm zu verraten, welche neue Farbe er sich für das wundervolle Geschenk ausgesucht hatte.

Die Dinge, die von dir erzählen

Als wärst du ein Teil der Luft, sprechen die Dinge in der Wohnung davon, dass sie dir gehören, doch nun auseinandergerissen werden, weil du nicht mehr da bist, um sie zu hüten. Du liegst hunderte Kilometer von deiner Berliner Wohnung entfernt auf einem Friedhof in der Nähe deines Elternhauses. Nicht in der Stadt deiner Hoffnungen, Partys und Liebschaften beerdigte man dich, sondern dort, wo es ein großes Haus und ein Familiengrab gibt, was immer ein Trost ist, denn es ist gut, bei den Ahnen zu sein. Doch selbst dein Vater hält sich überwiegend im Ausland auf und deine Mutter lebt seit einem halben Jahr in deiner Berliner Wohnung, die sie im Zeitlupentempo ausräumt. Sie verkauft deine Sachen Stück für Stück, über eBay Kleinanzeigen, seit Monaten macht sie das schon, mit so viel Hingabe, dass sie abends wie erschossen ist und am Wochenende kaum ansprechbar. Jeden Gegenstand fotografiert sie, recherchiert, wie viel er gekostet hat, und veranschlagt davon die Hälfte. Dann bemüht sie sich um einen beredten Anzeigentext, der keine Wünsche offen lässt. *»Zwei nicht alltägliche Tischlampen im orientalischen Look. Sehr romantische Lampen, die sehr gut im Schlafzimmer oder auch links und* *rechts einer Couch einen schönen Platz finden können. Roter, golddurchwirkter Stoff, der durch das Rattan gezogen ist. Unaufdringliches, rotes, stimmungsvolles Licht. Zuleitung 2 m, Ein-/Aus-Schalter. 2 Sparlampen inklusive. Neupreis ca. 120 €. Nur Abholung. Die Anzeige wird sofort gelöscht, sobald die Lampen verkauft sind.«*

Bei jedem Paar Schuhe, jedem Werkzeugteil, sogar bei den vielen Keramikpfannen geht sie so vor. Du hast dir viele billige Keramikpfannen auf Shoppingkanälen gekauft. Ich betrachte die Pfannen lange, neben deiner Mutter stehend, die mich dabei beobachtet, aber ich wollte keine zehn Euro dafür ausgeben. Sie waren gebraucht und einfach nicht hochwertig genug. Und irgendwie fand ich es auch blöd, dass deine Mutter so unerbittlich mit ihrer Preisvorstellung war, nachdem wir uns schon in den Armen gelegen und über deinen Tod geweint hatten. Für fünf Euro hätte ich sie genommen, um ein Andenken an dich zu haben, an dich und deine nächtlichen Shoppingtouren bei QVC, obwohl wir uns nicht kennen. Ansonsten hast du Wert gelegt auf schöne Dinge und gute Qualität und Geld ausgegeben für hochwertige Messer und Töpfe, teure Hi-Fi-Geräte, schöne Kleidung. Viele Jahre hast du sehr ordentlich verdient. Deine Stiefel hätte ich gerne genommen. Sie passten mir, und die Hälfte vom Neupreis (NP 370 €) war dafür in Ordnung. Deine Mutter sagte, du hättest sie kaum getragen, und so sahen sie aus, nach zwei oder drei Spaziergängen, mehr nicht. Aber es klappte nicht, ich hatte an dem Tag nicht genug Geld dabei, und als ich das nächste Mal vorbeikam, hatte jemand anders sie schon mitgenommen. Stört es dich, wenn ich dich duze? Du kannst dich nicht wehren, aber ich glaube, nach allem, was ich mit deiner Mutter erlebte, ist das in Ordnung. Und es gibt weitere Gründe dafür: Diese Geschichte würde auf Sie-Basis anders klingen, und wer hätte nicht an einen uralten Mann gedacht, wenn diese Geschichte so angefangen hätte: »Als wären Sie ein Teil der Luft, sprechen die Dinge in der Wohnung davon, dass sie zu Ihnen gehören, doch nun auseinandergerissen werden, weil Sie nicht mehr da sind, um sie zu hüten. Sie liegen hunderte Kilometer von Ihrer Berliner Wohnung entfernt auf einem Friedhof in der Nähe Ihres Elternhauses.« Das »Sie« ist ein großer Krampf, und da, wo du jetzt bist, im Unermesslichen, wollen wir nicht verkrampft miteinander umgehen. Mag sein, dass ich dich gesiezt hätte, wären wir uns begegnet, aber nur anfangs, denn ich duze die Leute ziemlich schnell, weil ich das Junge in den Menschen stark empfinde. Deine Mutter duzt mich mittlerweile auch, weil sie trotz ihres Alters ein kleines Mädchen geblieben ist, das gerade mit deinen Sachen Flohmarkt spielt. Es war Herbst, ich las die Anzeige »Trabert Filzstiefel, Unisex, Manufactum, Gr. 42«. Ich kenne eine Schnepfe, die genau dieses Trabert-Schuhmodell besitzt und keine Gelegenheit auslässt, damit anzugeben, muss was Dolles sein, dachte ich mir und verabredete mich mit deiner Mutter, die etwa fünfzig Anzeigen aufgegeben hatte. Eine Haushaltsauflösung, vermutete ich, da will jemand auswandern und alles loswerden. Der Kiez, in dem du wohntest, war vor Jahren noch ein Schmuddelkind, zwischen der Gotzkowskybrücke und dem Mierendorffplatz, aber er gab bereits in der letzten *Homeland*-Staffel einen interessanten Hintergrund ab. Das hast du nicht mehr erlebt. Ich betrat das Haus, ein unsanierter Altbau mit düsterem Treppenhaus, und eine besonders zierliche Dame mit rot lockiger Haartracht öffnete die Tür. Ich schätzte deine Mutter auf Mitte sechzig, vielleicht auch älter. Es war klar, dass sie die inserierten Filzstiefel in Größe 42 selbst nicht ausfüllen konnte. Sie bat mich hinein, in den Flur drang kein Tageslicht. Werkzeuge und Elektroartikel lagen auf der Kommode, vor der Garderobe standen Kartons voller

Kleidung und Schuhe. Sie führte mich über ein Durchgangszimmer ins Wohnzimmer. Dies war ein schöner Raum, hell und warm, mit Balkon und großer Bücherwand; ein bunter Wollteppich auf dem Parkett, die Einrichtung zeugte von Geschmack und Bildung, aber sie passte nicht zu deiner Mutter, was ich zunächst nicht bemerkte. Sie stellte die Leder-Filzstiefel vor einen Stuhl, ich setzte mich, zog sie an, ging breitbeinig durchs Zimmer. Die Dinger passten, wirkten aber recht derb mit dem weiten Schaft und der Filzkrempe, für eine größere Person wären sie perfekt gewesen. Ich ging vor dem Regal auf und ab, während ich den Komfort der Zehen prüfte, las die Titel auf den Buchrücken, entdeckte vor allem Klassiker, Kochbücher und viele Reise- und Fotobücher über Indien, Nepal, Tibet, Pakistan. »Sie haben ja sehr viele Anzeigen aufgegeben«, sagte ich, »wollen Sie auswandern?« Deine Mutter schüttelte den Kopf. Noch war ich, die unentschlossene Stiefelinteressentin, die Mühe einer Erklärung nicht wert. Ich sagte, dass mich die vielen Bücher über Asien überraschten, so viel Asien sei in einem deutschen Haushalt eher selten anzutreffen, und dann erzählte ich ihr, dass mein Vater in Indien geboren und in Pakistan aufgewachsen sei. »Mein Mann war für Shell in Asien«, sagte sie, »wir lebten einige Jahre in Lahore.« Aus Lahore stamme auch mein Vater, erwiderte ich, und schon schwelgten wir in Erinnerungen. Wir sprachen über das grüne, blumenreiche Lahore, dessen Himmel stets voller Vögel war, und von Zia-ul-Haqs Diktatur, die von den USA so tatkräftig gesponsert wurde, dass jeder Baum ein Schild von Coca-Cola trug. Sie sagte, sie habe damals als Privatlehrerin in Lahore gearbeitet und vor allem unter Deutschen verkehrt. Das versetzte mich regelrecht in Aufregung. »Vielleicht haben Sie mich unterrichtet?« Mitte der Siebzigerjahre verbrachte ich als junge Grundschülerin mehrere Monate in Lahore. Die Hamburger Schulbehörde hatte die Reise nur unter der Auflage genehmigt, dass ich dort unterrichtet wurde. Mein Vater fand über das Goethe-Institut eine Lehrerin. Ich wurde von dem Chauffeur meines Onkels in einem VW Käfer zu einem großen Haus gefahren, an der Auffahrt standen Palmen, das wusste ich noch, als wäre es gestern gewesen. Ich hatte die Schulbücher aus Hamburg dabei und lernte sehr gut in dieser Zeit. Am Ende des Unterrichts spielten wir immer Flöte.

»Waren Sie vielleicht meine Lehrerin?«

»Vielleicht«, antwortete sie. »Ich kann mich nicht mehr an jedes einzelne Kind erinnern.«

Sie wollte in die Erinnerung nicht einsteigen. Das Wiedersehen mit meiner Lehrerin aus Lahore, die es ja gegeben hatte, entzückte mich, auch wenn die Erinnerung an sie traumhaft und verrückt war; die Villa mit den Palmen, der VW Käfer und die Freude beim Lernen und der Abschluss mit der Flöte, wie manisch spielte ich damals »Halleluja«, Halleluja in Lahore. Doch sie tat mir den Gefallen nicht. Denn hier ging es um dich, ihren Sohn, über dich begann sie nun zu sprechen. Dass es deine Wohnung war, in der wir saßen, dass es deine Stiefel waren, die ich trug, dass man dich wegen Atemnot ins Krankenhaus eingeliefert hatte, sie war gerade vom Flughafen gekommen. Dass du sie am Tag zuvor angerufen hattest: Mama, mir geht es nicht gut, magst du kommen? Als sie das Haus erreichte, warst du schon im Rettungswagen. Dass du bald darauf sterben würdest, damit hatte niemand gerechnet. Thrombosen, sagte sie, sind bei uns ein Familienleiden, und dass es dich schon deinen Beruf gekostet habe. Sie fuhr mit dem Finger ihre Waden ab. Stützstrümpfe. Ohne die ginge es gar nicht. Auf einem Langstreckenflug hätte dich die erste tiefe Venenthrombose erwischt, sagte sie, danach waren die vielen Geschäftsreisen nicht mehr möglich, die du als Touristikmanager machen musstest. Dass du mit Mitte vierzig erwerbsunfähig warst und kurzentschlossen nach Berlin zogst, erzählte sie außerdem noch. Nach deinem Tod konnte sie ein Jahr lang nicht die Wohnung betreten. »Nun bin ich hier.« Wir weinten, dabei klopfte sie mir den Rücken, zwischen all den Sachen sprach sie mir Kraft zu, es auszuhalten, dich, ihren Sohn auf diese Weise kennenzulernen, inmitten der Dinge, die von dir erzählten und gleichzeitig zum Verkauf standen. Gerne hätte ich eine Flasche Wein oder Champagner erworben, aber den Alkohol wollte sie nicht verkaufen, jeden Abend trinke sie ein Gläschen, sagte sie, das helfe ihr beim Einschlafen. Während sie so erzählte, gingen wir durch die Wohnung und schauten, ob für mich noch etwas anderes von Interesse sein könnte. Die Tortenplatte? Der elektrische Spargelschäler? Später las ich die betreffende, von ihr selbst formulierte Anzeige. *Mit dem »Lurch« Spargelschäler geht das Spargelschälen ganz schnell und kinderleicht. Der Spargel ist in einem Bruchteil der Zeit mit diesem Gerät geschält, gegenüber einem herkömmlichen Spargelschäler. Er kann mit den zwei Halterungen entweder an der Wand oder am Tisch befestigt werden und ist für die Spülmaschine geeignet. Der Spargelschäler ist original verpackt und unbenutzt. Bedienungsanleitung ist dabei. Im Internet gesehen zwischen 30 bis 35 €. Wegen Haushaltsauflösung für 15 € zu verkaufen.*

Nein danke, sagte ich.

Der 4-teilige Eierschneider?

Nein danke.

Ein CD-Ständer oder Spiegel?

Nein danke, das besitze ich schon alles.

Die Goethe-Büste? Ganz witzig, sagte ich, ist das ernst gemeint?

»Wir sind eine Goethe-Familie«, antwortete sie. »Goethe, Goethe, Goethe.« *Büste Goethe, Figur aus Alabastergips. Preis:*

33 €. Material: Alabastergips, weiß, massiver Guss, Höhe: 31 cm. Die Büste befindet sich in einem sehr guten Zustand. Nur Abholung. Die Anzeige wird sofort nach Verkauf gelöscht.

Fotos von dir schmücken die Wände, zeigen einen schönen Mann, warmherzig und klug. Ich hätte dich gemocht. »War er verheiratet? Hat er Kinder?«

Sie schüttelte den Kopf. Er hat eine Enttäuschung erlebt, sagte sie, in vollendeter Diskretion. Dann betraten wir dein Schlafzimmer. Niemand betritt gerne das Schlafzimmer anderer Leute, egal ob man sie kennt oder nicht kennt, Schlafzimmer sind intensiv. Noch intensiver ist es, wenn man von einer Mutter durch das Schlafzimmer ihres toten Sohnes geführt wird. An den Wänden Bilder von nackten muskulösen Männerkörpern. Neben dem breiten Bett ein Regal mit Erotikliteratur: *Mein schwules Auge*, mehrere Bände. Deine Sexualität bot sie zum Schnäppchenpreis an. Bei den Keramikpfannen und Bastlampen hatte sie recht hohe Erwartungen an den erzielbaren Preis, aber bei den Schwulen-Bildbänden – voller Zeichnungen stattlicher Herren der Lederszene – konnte sie äußerst großzügig kalkulieren.

»Ein Karton voller Bücher und Filme zu diesem Interessengebiet vorhanden, zum Teil auch kostenlos.«

Als Toter machst du was mit. Sie schloss den Vorhang, der ebenfalls zu haben war und zweihundert Euro kosten sollte, damit ich das schöne Muster und den exquisiten, blickdichten Stoff würdigen konnte, der in aufwändiger Handarbeit in Pakistan als Teil eines Hochzeitszeltes genäht worden war. Sie schaltete die Deckenbeleuchtung an, öffnete die Schiebetür eines geräumigen Kleiderschranks und präsentierte deine Garderobe: Markenhemden, Designerpullis, Designeranzüge, Samtblazer und Seidenkrawatten. Stolz strich sie über die Stoffe.

»Kennen Sie einen Herrn, der schlank genug ist und daran Interesse haben könnte?« Ich versprach, darüber nachzudenken, später sprach ich zwei Kollegen darauf an, aber mit der Kleidung eines Toten wollten beide nichts zu tun haben, was ich sehr schade fand, denn du warst ja nicht mehr irgendein Toter. Bevor wir dein Schlafzimmer verließen, erzählte sie, dass sie bereits viel Kleidung verkauft habe, deine Anzüge seien hervorragend weggegangen. Einmal sei ein junger Mann da gewesen, der habe den ganzen Abend bei ihr verbracht, alles anprobiert und sich einen ganzen Berg ausgesucht und schließlich seine letzte Bahn verpasst. Da habe sie ihn kurzerhand bei sich einquartiert. Am nächsten Morgen habe er Brötchen gekauft und vierhundert Euro vom Geldautomaten abgehoben. Nach dem gemeinsamen Frühstück sei er mit den Sachen nach Haus gefahren.

»Hatten Sie denn keine Angst?«, fragte ich.

»Nein«, sagte sie, »wieso sollte ich?«

Ich schlug vor, eine Tasse Tee zusammen zu trinken. Sie zeigte mir die Küche. Viele Dinge waren mit Etiketten beklebt, mit Kugelschreiber hatte sie Preise darauf geschrieben. Sie klebten auf elektrischen Messern, dem Espressokocher, den Dampfkochtöpfen, der Citruspresse, den Tabletts, den Dippschälchen, den Thermoskannen. »Hätten Sie Interesse an einem elektrischen Dosenöffner?« Sie hielt das sperrige Ding hoch. »Oder an einem Tischgrill?« Sie bückte sich und zog eine Box aus einem Küchenunterschrank. Ich half ihr, das sperrige Ding wieder zurückzustellen. Später fand ich in ihren Kleinanzeigen auch die entsprechende Beschreibung: *Der handliche Tischgrill ist das ganze Jahr über für den Gebrauch im Haus, auf der Terrasse, dem Balkon oder im Garten bestens geeignet. Er ist leicht zu reinigen und lässt sich gut auseinandernehmen und wieder zusammensetzen. Bei 2000 Watt Leistung und drei*

Grillstufen geht das Grillen recht zügig. Bedienungsanleitung ist vorhanden. Der Tischgrill wurde kaum benutzt, er sieht wie neu aus und wird jetzt wegen Haushaltsauflösung verkauft. Nur Abholung, kein Versand.

Das Traurige an diesem schrecklichen Tischgrill ist, dass er einem suggeriert, das Leben könne durch die Ingebrauchnahme von derlei Instrumenten einen Zauber entfalten, der die Leere und Einsamkeit vertreibt. Als hätte man schon dadurch gewonnen, dass man den Tischgrill aufstellt, zu allen Jahreszeiten, egal wo, in der Wohnung, auf dem Balkon, im Garten. Aber die Menschen, die sich mit dir an den Grill setzen sollen, die werden nicht mitgeliefert, auch wenn die Shoppingkanäle einem das vorspielen. Hätte deine kleine Mutter nicht wenigstens auf den Offenbarungseid verzichten können – »der Tischgrill wurde kaum benutzt«.

Die Gewürzsammlung aber war aufregend, geradezu gigantisch. Unmengen von Gewürzen hast du besessen, sie aufbewahrt in Döschen, Tütchen und Gläschen, die in einem offenen Regal voll kleiner Fächer übersichtlich angeordnet waren. Du kauftest sie auf deinen vielen Reisen in aller Welt, nicht beim REWE um die Ecke. Schon wegen der vielen Chili-, Pfeffer- und Currysorten hätte ich dich gerne persönlich kennengelernt. »Er war ein begeisterter Koch«, sagte deine Mutter, als wäre das noch zweifelhaft. Ob sie mir ein paar Gewürze verkaufen würde?

»Nein, die kommen alle mit nach Hause.«

Sie zeigte mir, wo der Tee zu finden war, die Tassen und der Wasserkocher. Sie sei extrem erschöpft, sagte sie, sie müsse sich aufs Sofa legen. Nun stand ich allein in der Küche und konnte in Ruhe den Kopf schütteln, während ich auf das kochende Wasser wartete. Du hast so viele Küchenhelfer angehäuft. Wieso nur? Sind das alles Geschenke von deinen Kollegen und Freunden, die von deiner Kochleidenschaft wussten? Nein, es sind keine Geschenke. Die staubigen Küchenhelfer erzählen die wahre Geschichte. Sie erzählen von deiner Verzweiflung und Sehnsucht nach einer Familie und einer Liebe, die bleibt, ob du es nun hören willst oder nicht. Sie lästern, deine Küchenhelfer, deine Mutter hätte gut daran getan, sie sofort nach deinem Tod in den Müll zu schmeißen. Ich hätte gerne etwas aus deinem Haushalt gekauft, aber die Weingläser waren zu bauchig, die Kaffeebecher zu durchschnittlich, die Vasen zu schwedisch. Was auch immer ich in die Hand nahm, immer gab es einen Grund, es lieber sein zu lassen. Entschuldige, aber deine Küchenutensilien trafen nicht meinen Geschmack. Goethe, Goethe, Goethe. Du warst ein tüchtiger Angestellter, der sein halbes Berufsleben im Flieger saß. In Berlin versuchtest du das Kulturleben in den Mittelpunkt deiner Existenz zu stellen. Das hätte vielleicht irgendwann auch geklappt. Aber wenn es öde wurde, traurig, schmerzhaft, dann hast du dir einen Küchenhelfer gekauft und dich dafür gehasst. Deshalb sprang mein Portemonnaie nicht auf. Ein kleines Küchenmesser schnitt sehr ordentlich, aber das stand leider auch nicht zum Verkauf. Alles, was ich gut fand, die fünf oder sechs Sachen, wollte deine Mutter für sich behalten. Ich nahm zwei Äpfel aus der Obstschale *(Obstschale in klassischem Design, entworfen im Jahr 1953 von Herbert Krenchel, Metall, schwarz, Durchmesser 25 cm, 15 €)*, entfernte die verschrumpelte Schale, schnitt sie in Stücke und arrangierte diese auf einem kleinen Teller. Ich brachte den Tee und das Obst ins Wohnzimmer, wo deine kleine Mutter wie erschossen auf dem Sofa lag, und reichte ihr immer wieder den Teller mit den Apfelschnitzen, die sie gierig aß und dabei konzentriert ins Leere starrte. Dass sie zu essen vergaß, während der Besichtigungen, die sie täglich abhielt, war deutlich.

»Kochen Sie sich etwas? Oder gehen Sie lieber essen?«

»Die Nachbarn kochen für mich«, sagte sie. »Eine sehr liebe Familie aus Vietnam. Sie bringen mir jeden Abend einen Topf mit Suppe.«

Ist das nicht lustig, dass sie von deinen Nachbarn bekocht wird, man könnte sie beneiden. Haben die Nachbarn jemals für dich gekocht? Unsere Teestunde nahm sie später auch in einen ihrer Anzeigentexte auf. Da steht jetzt: *»und bei einer Tasse Kaffee oder Tee in der Kleidung stöbern, aussuchen, anprobieren und natürlich auch kaufen.«* Ich hatte ernsthaft Sorge, ob deine Mutter ihrem Projekt gewachsen war, ob es nicht zu gefährlich war, hier täglich Fremde zu empfangen. »Es gibt Menschen«, gab ich zu bedenken, »die die Situation vielleicht ausnutzen, wenn sie feststellen, dass Sie hier allein sind.«

»Ich habe eine gute Menschenkenntnis«, erwiderte sie. Einmal kamen Männer, die haben sie beklaut. Einer wickelte sich mehrere Gürtel um den Bauch, der andere steckte Bücher in die Tasche. Sie fragten auch nach Silber und Uhren, aber die Wertgegenstände hatte deine Mutter gleich nach deinem Tod aus der Wohnung geschafft. Die Männer kauften für zweihundert Euro Bücher und Kleidung. »Aber sie genehmigten sich einen kleinen Rabatt«, sagte sie, ganz unerschrocken.

Ich fragte nach der Toilette. Im Bad sah es aus, als wärst du immer noch da. Es hätte mich nicht gewundert, wenn du mit einem neuen Shampoo in der Hand zur Tür hereingekommen wärst, um es auf den Wannenrand zu stellen. Aber dann sah ich, dass die besonderen Sachen fehlten, ein teures Parfum zum Beispiel, eine schöne Creme. Das Kieferlatschenöl konnte nur von deiner Mutter sein. Neben dem Spiegel hing eine Spaßpostkarte: *Die Jahre sind spurlos an dir vorbeigegangen, es sind die Wochenenden, die dich gezeichnet haben.* Witzig. Deine weißen Frotteehandtücher und der weiße Bademantel stehen auch zum Verkauf. Du gehörtest also zu jenen Leuten, die sich prinzipiell nur weiße Handtücher gestatten. Weiß, wie der Goethe aus Alabaster. Doch deine Gewohnheiten und Eigenarten werden immer weniger erkennbar, verschwinden aus dem Bild, je tüchtiger deine kleine Mutter verkauft. Sie lebe von dem Geld, das sie mit der Auflösung verdient, sagte sie, sie könne davon auch die Miete zahlen, denn dies sei eine Mietwohnung, aber die Hausverwaltung verweigere den Dialog, sagte sie, am liebsten wäre ihr ein Nachmieter, der alle Möbel und dazu noch die Musikanlage für 15 000 Euro übernimmt. Aber so leicht kommt sie nicht raus aus der Geschichte, das ahnt sie schon, deshalb lässt sie nicht ab, findet immer neue Gegenstände, die sie betexten und mit einem Preis versehen kann. Ab fünf Uhr morgens ist sie wach, liest ihre Mails, es folgen die ersten Telefonate und später dann die Besichtigungen. Seit Monaten geht das schon so. Täglich betreten Fremde dieses Reich, kaufen Motorradstiefel, kaufen eine Lampe, kaufen einen Vorhang, kaufen gar nichts, nichts, finden das alles nur schrecklich. Dann weint sie mit ihnen und kocht Tee, schneidet Obst, erzählt von ihren Problemen mit dem iPad und von der wahnsinnigen Erschöpfung, die sie zuweilen befällt. Nicht jedem erzählt sie das, natürlich nicht, sie sucht sich die Leute schon aus, die sie ins Vertrauen zieht. Mit anzusehen, wie sie sich in dieser Nebelwelt einrichtet, in der Totenwohnung im neuen Szeneviertel von Berlin, könnte einen auch wahnsinnig machen. Aber einen Entrümplungsdienst zu bestellen, der alles auf einen Lastwagen hievt, einen Pauschalbetrag zahlt und die Wohnung besenrein hinterlässt, kommt für sie nicht in Frage. Das wäre eine trostlose Vorstellung. Sie will Stück für Stück Abschied nehmen, Texte schreiben, Preise bestimmen, die Leute kennenlernen, die mit deinen Sachen die Wohnung verlassen. Sie will selbst erfahren, wie tragisch die Welt organisiert ist. Dafür kam sie nach Berlin. Das ist ihr Plan: Hemd für Hemd, Husse für Husse, Topf für Topf. Was geschieht so lang mit dir? Verbirgst du dich irgendwo? Schämst du dich dafür, wie sie mit deiner Sexualität umgeht, oder lachst du, weil du sie liebst, wie sie ist, und weil sie nicht so ausweicht, wie dein Vater es tut. Deine Wohnung wirkt staubig, obwohl kein Staub zu sehen ist. Kein einziges Körnchen, das hier im Licht tanzt. Und doch weinen die Dinge, *to say goodbye*.

Tipsy, willst du mein Freund sein?

Eine Frau Hauswald sucht den Mann, der ihr auf dem Trödelmarkt in Dallgow zwölf Pferdebücher verkaufte. Die Bücher stammen aus dem Haushalt eines verstorbenen Redakteurs der Zeitschrift »Reiter Revue«; einige waren über hundert Jahre alt, andere aus der Nachkriegszeit, aber alle in gutem Zustand. Die Bücher kosteten zusammen nur siebzehn Euro, Frau Hauswald konnte ihr Glück kaum fassen. Als der Mann meinte, er hätte noch mehr davon, gab sie ihm ihre Kontaktdaten, er aber meldete sich nicht. Zwei Wochen wartete sie, dann schaltete sie ein Suchinserat bei eBay Kleinanzeigen. Sie erneuert es seither alle paar Wochen, damit es nicht untergeht.

Hallo, ich bin auf diesem Wege auf der Suche nach einem Verkäufer, der mir am 19. April 2015 auf dem Flohmarkt im Havelpark Dallgow einen Stapel Pferdebücher verkauft hat. Er kommt aus Nauen. Ich hatte ihm meine Telefonnummer und Emailadresse gegeben. Vielleicht hat er diese verloren? Im Gespräch erzählte er mir, ein Verwandter (Onkel?) sei verstorben und hätte für eine Pferdezeitschrift als Buchredakteur gearbeitet. Und dass er aus diesem Erbe noch weitere Pferdebücher hätte. Vielleicht kennt jemand den Verkäufer und könnte ihn auf meine Annonce aufmerksam machen? Oder mir seine Telefonnummer zusenden? Vielen Dank! Lieben Gruß, Regina

Es kamen drei Reaktionen. »Ich habe noch Pferdebockwürste«, schrieb einer.

»Wenn es Pferderouladen wären, gerne, aber Pferdebockwurst mag ich nicht«, schrieb sie zurück. Der Zweite rief an und nannte sich Oliver. »Ich kenne den Pferdebuchhändler aus Dallgow, ich kaufe da manchmal Pferdebücher für meinen Freund, der macht eine Ausbildung zum Pferdewirt, und dann darf ich ihm in den Arsch ficken oder er lutscht mir im Stall den Schwanz.«

»Ich hab diese Sprüche überhört«, erzählte Frau Hauswald. »Oliver wollte nochmal anrufen, das hat er aber zum Glück nicht getan.« Ich war die Dritte, die sich meldete. Sie lud mich gleich ein, mir ihre Pferdebuchsammlung anzusehen. 5948 Pferdebücher besäße sie, sagte sie. Eine beeindruckende Zahl. Um einen Vergleich heranzuziehen: Goethes Privatbibliothek, die sich bis heute in seinem Wohnhaus in Weimar befindet, besteht aus 5424 Titeln, ich vermute nur, Pferdebücher sind nicht darunter. Ich nahm vom Zoologischen Garten den Regionalexpress nach Spandau und stieg in einen Bus, der mich nach einer zwanzigminütigen Fahrt durch Spandaus Altstadt fast vor ihre Haustür brachte. Der Bus war voll, die Luft roch intensiv nach billigem Waschmittel und reifer Banane, das Stigma der Armut. Ein minderjähriger Vater mit einem Kleinkind im Buggy zog ein säuerliches Gesicht, weil er stehen musste oder das Leben ihm keinen roten Ferrari geschenkt hatte. Daraufhin fühlte sich seine junge Schwiegermutter provoziert und machte ihn lautstark darauf aufmerksam, dass er sich das alles »vorher« hätte überlegen sollen, »bevor du meine Tochter geschwängert hast«. Das Enkelkind klatschte vergnügt mit den Händchen; und wer in Berlin mehr solche Szenen erleben will, der sollte mit dem Bus durch Spandau fahren. Belebt wie im Süden sind die Straßen, türkische Männergruppen stehen im Palaver zusammen, alte Damen flanieren mit ihren Rollatoren, und der Altbaubestand wirkt unsaniert, aber nicht heruntergekommen. Auch gibt es noch viele kleine Geschäfte, die sich erfolgreich der modernen Schaufenstergestaltung verweigern. Ich hatte schon gehört, dass viele Berliner, die mit der Mietpreisentwicklung nicht mithalten konnten, jetzt nach Spandau zogen. Die Zuzugsrate ist überdurchschnittlich, Spandau wächst. Ich ging die Pichelsdorfer Straße ab, die von neun Buslinien gekreuzt und befahren wird, und suchte für meine Gastgeberin ein Mitbringsel. Ich kam an Woolworth, Blume 2000, Kräuter Kühne und mehreren Bäckereien vorbei und kaufte schließlich ein paar Blümchen. Später las ich, dass die Straße seit dem 14. Jahrhundert bekannt ist, der Name Pichelsdorf stammt von den Pechmachern, die Holzteer für die Fischfassproduktion herstellten. Spandau lebte von den Fischen der Havel, und durch die Stadt mit der Zitadelle zog über Jahrhunderte der Geruch von Räucherfisch, schwelendem Birkenholz und Pech. Da Spandau erst seit 1920 zu Berlin gehört, leben und sterben die meisten Berliner, ohne jemals in Spandau gewesen zu. Eigentlich schade, dass man diesen Ort auf seinem Schicksalsfahrschein extra buchen muss.

Regina Hauswald ist Anfang vierzig, zierlich, sie hat dunkelblonde Haare und eine rosige, leicht irritierte Haut. Sie stellt mir ihre dreijährige Tochter vor, die krank geworden ist und nicht in den Kindergarten gehen kann. Das Mädchen sieht aus wie ein kleiner Elf, mit dicken, kurzen Haaren und spitzen Eckzähnchen. Das Kranksein merkt man ihr nicht an, sie turnt lebhaft auf dem Teppich. Frau Hauswald freut sich über die Blümchen, und mehr noch über das Interesse an ihrer Sammlung, und dass jemand darüber schreiben möchte. Sie sei erst vor kurzem im Radio auf Sendung gewesen, sagt sie, als Berlins größte Privatsammlung gesucht wurde. »Aber gegen eine Briefmarkensammlung kam ich nicht an.« Sie führt mich durch die Altbauwohnung, in der sie mit ihrem Lebensgefährten und zwei gemeinsamen Kindern lebt. An jeder Wand und in jeder Ecke stehen hellbraune Regale, die bis unter die Decke, sauber und ordentlich, und geradezu staubfrei, mit Pferdebüchern gefüllt sind. »Ich sortiere nach Verlagen, und dann nach einzelnen Serien«, erklärt sie ihr Ordnungssystem. Zweitausend veterinärmedizinische Titel stehen in der Wohnung, sagt sie, dazu hunderte Fotobände, Reitschulen, Register, Bücher über Pferderassen, Pferderomane und Pferderatgeber. Es sind vorwiegend deutschsprachige Titel aus dem 20. Jahrhundert. Pferdebücher für Kinder sammle sie gar nicht mehr, die stehen kistenweise im Keller. »Die Kinderbücher bekomme ich hinterhergeschmissen«, sagt sie. Ich gehe die Regale ab, lese die Titel und Serien, darf Fotos machen. *Beruf Pferdewirt. Marbach und seine Pferde. Praktische Pferdezucht. Island zu Pferd. Krankheiten der Reitpferde. Wir sind doch Freunde.* Vor einem Regal steht ein Staubsauger; vor einem anderen ein Bügelbrett und ein Kinderzelt. Ich erkenne drei grüne Schwarten wieder, von Mary O'Hara die Romane *Mein Freund Flicka, Sturmwind, Flickas Sohn* und *Grünes Gras der Weide.* Meine Mutter legte sie mir Weihnachten unter einen kleinen Plastiktannenbaum, und als ich sie las, stand ich wie unter einem Zauberbann, nichts konnte mir etwas anhaben, denn wenn es solche Bücher gab, spürte ich, würde das Leben seine Versprechungen halten können. Wir setzen uns ins Wohnzimmer auf rote Polstermöbel. Gläser und Saft im Tetrapack stehen auf dem Tisch bereit. Sie zeigt auf den Microsoft-Computer, der auf einem schmalen Computertisch in der Ecke steht. Täglich arbeite sie an ihrer Datenbank, sagt sie, um im Internet Angebote zu vergleichen und nachzuschauen, welche Titel sie schon besitze und welche noch fehlten. Doppelte tauscht sie mit anderen Sammlern, die sie von eBay kennt. Sie scannt auch alle Buchcover, denn manchmal werden alte Geschichten oder Ratgeber mit neuen Covern versehen. Die Polstergarnitur stammt bestimmt von Möbel Höffner, geht mir durch den Kopf, dem Berliner Traditionsmöbelhaus, das mit Hape Kerkeling als schmierigem Möbelverkäufer warb. Oder von Poco, Poco wirbt mit Daniela Katzenberger. In diesem Wohnzimmer gibt es keinen Fernseher. Ich finde das auf volkserzieherische Weise gut, obwohl ich in meinem eigenen Zimmer einen schönen, großen Fernseher stehen habe. Aber ich kaue ja eigentlich auf einer anderen Frage herum, wenn ich mich in diesem Wohnzimmer umschaue: Gibt es hier Großes zu entdecken, auch wenn Größe nichts ist, was sich auf den ersten Blick aufdrängt? Ich sitze nicht auf einem exquisiten Designermöbel, umgeben von cooler Architektur und allerlei Machtzeichen, wie es ein Reporter der »Zeit« erlebte, als er den reichsten Kunstsammler unserer Tage, François Pinault, für zwölf Minuten in Paris traf. Ich sitze hier in einem Spandauer Wohnzimmer und bekomme Gefühle der Beklemmung. Meine Mutter lebt in einem Wohnzimmer, das sie ihrer Fernsehsucht gewidmet hat. Ich erinnere mich an den besoffenen Polterabend ihrer Nachbarin Angelika, meine Mutter hatte weiße Klopapierrollen zu einer meterhohen Hochzeitstorte getürmt, damit die Freunde Geldscheine dranstecken konnten. Tolle Idee eigentlich, aber auch dabei lief der Fernseher. Die arme Braut ist längst tot und ihr Mann soll bereits in der Hochzeitsnacht impotent gewesen sein, was mit Regina Hauswalds Pferdebuchsammlung überhaupt nichts zu tun hat, aber viel mit dem Sicherheitsglas, hinter dem ich gerade stehe. Regina Hauswald und ihre Familie kegelte man aus der Innenstadt, damit man Leuten wie mir und meiner Familie deren Wohnraum teurer vermieten kann. Sie wurde in Kreuzberg geboren und ist dort aufgewachsen, erst vor einigen Jahren zog sie nach Spandau, nachdem sie in Berlin für ihre Familie keine Wohnung mehr fand. Heimweh nach Kreuzberg spüre sie nicht, sagt sie, sie liebe Spandau und möchte nie mehr hier weg. Würden wir beide Bücher nicht lieben und hätte sie bei eBay Kleinanzeigen kein Suchinserat nach einem ominösen Pferdebuchhändler aus Dallgow geschaltet, dann wären wir uns nie begegnet. Aber weil es ausgerechnet Pferdebücher sein müssen, bin ich noch am Zweifeln, was Regina Hauswalds Bedeutung als Sammlerin angeht. Spielt sie mit den bekannten Sammlern unserer Zeit, wie François Pinault oder Harald Falckenberg aus Hamburg, den ich privat kenne, in einer Liga? Sind Sammler alle gleich, und wäre Regina Hauswalds Sammlung ein Fall für das Humboldtforum, das gerade im Entstehen ist? Oder ist das alles eine Fata Morgana, die aus dem Dunst einer fernen Kreuzberger Kindheit aufsteigt; einer Kindheit ohne Pferd? Ich nehme mein Notizbuch zur Hand und will die erste Frage stellen, da bringt mir das kleine Mädchen ein Steckpuzzle. Wir puzzeln, bis Frau Hauswald einen Teller Weintrauben holt, mit dem sich das Mädchen brav in ihr Kinderzelt verzieht. Frau Hauswald fängt an zu erzählen: »Zugegeben, es gibt viele blöde Pferdegeschichten. Die heißen oft *Der schwarze Blitz rettet das Mädchen aus der Flammenhölle*. Mein erstes Pferdebuch kaufte ich mir auf einem Flohmarkt, es hieß, *Tipsy, willst du mein Freund sein?* von William Carbin. Der englische Originaltitel lautete *Pony For Keeps*. Ich bin in den Siebzigerjahren in der Adalbertstraße aufgewachsen, und in der Nähe gab es auch einen Kinderbauernhof, wo ich eine Weile geritten bin. Das Reiten in Buckow war zu teuer. Dann fing ich an, Pferdebücher zu sammeln. Ich verdiente mir zum Taschengeld was dazu, indem ich bei der einbeinigen Nachbarin die Betten machte und für sie einkaufen ging. Meine Mutter gab mir zwanzig Mark Taschengeld pro Monat, und bei der Einbeinigen verdiente ich mir nochmal zwanzig dazu. Davon kaufte ich mir Pferdebücher, zunächst waren das Schneider-Bücher. Ich mochte von Tina Caspari die Serie *Bille & Zottel* und später die *Julia*-Serie von Christiane Gohl. Zwischen 15 und 16 Jahren gab es eine Pause, da gab ich mein Geld für Kosmetik, Zigaretten und für Essen im Imbiss aus. Am 13. Dezember 2000 fing ich an, bei eBay nach den Pferdebüchern zu suchen. Ich weiß es noch genau, ich war auf der Tauschseite vom Schneider-Verlag und las einen Hinweis auf eBay. Ich kenne jetzt viele Leute aus ganz Deutschland, die Pferdebücher sammeln oder tauschen. Ich gebe nicht mehr als drei Euro pro Buch aus, plus Versand. Manchmal bekomme ich auch ganze Pakete geschenkt. Zuletzt kaufte ich mir das *Handbuch für Pferdebesitzer* von Uta Over. Ich habe zwar kein Pferd, aber ich mag Uta Overs Schreibstil. Sie kann sehr gut erklären.«

Später lese ich ein Buch von Uta Over und muss Frau Hauswald Recht geben, Uta Over kann gut schreiben, sie veranschaulicht das Leben mit Pferden, und neuerdings auch das mit Eseln, auf eine Weise, dass einen ihre Sätze in eine bessere Welt tragen, in der viel Pferdemist auf einen wartet. Ich hatte als Kind auch eine Phase, in der ich gerne Pferdebücher las, und hätten alle Autoren wie Uta Over geschrieben, würde ich das vielleicht heute noch tun. Frau Hauswald betont, dass keine heimliche Sehnsucht hinter ihrer Sammlung steckt: »Ich will nicht aufs Land ziehen, und ich will auch kein Pferd haben. Als mein Exmann mir ein Pferd kaufen wollte, da wollte ich es nicht haben. Ich wollte lieber ein Auto.« Ich frage sie, wie ihre Freunde auf die Sammelleidenschaft reagieren. »Manche finden es verrückt, andere helfen mir. Ich habe auch Brieffreundschaften, die durch das Sammeln entstanden sind. Gerade über eBay hat sich das entwickelt, dass ich mit anderen Sammlern in Kontakt kam und dass wir untereinander die Doppelten tauschen. Es gibt bei eBay auch Leute, die sammeln Pferdekalender, Pferdepostkarten und Pferdeposter, aber das sind vollkommen andere Sammelgebiete.«

Es klingelt an der Tür, ein DHL-Bote bringt ein Paket. Das Mädchen jubelt und stürzt sich drauf, als Frau Hauswald bemerkt, dass es von »Uschi« kommt. In dem Paket sind Kekse, ein Glas selbstgekochte Marmelade, mehrere Kinderbücher und Kindermalhefte. Regina erzählt, dass Uschi eine ehemalige Tierärztin aus Hessen sei, mit der sie seit zehn Jahren in engem Mail-Kontakt steht. Der Kontakt habe mit dem Tausch von Pferdebüchern begonnen, mittlerweile sei daraus mehr geworden. »Meine Tochter braucht viel geistige Anregung«, sagt sie. »Vielleicht ist sie hochbegabt. Im Kindergarten hat man mir geraten, ihr immer genug Stoff zu bieten, damit sie geistig gefordert ist. Sie schreibt schon die Vorschulhefte voll. Seit Uschi das weiß, sendet sie den Kindern regelmäßig Bücher und Rätselhefte. Wir machen uns auch gegenseitig Geschenke.«

»Aber Sie sind Ihrer eBay-Freundin in zehn Jahren noch nie persönlich begegnet?«, hake ich nach, weil ich das sehr ungewöhnlich finde.

»Nein, noch nie«, sagt Frau Hauswald.

»Wollen Sie sich nicht treffen?«

»Vielleicht.«

»Warum reisen Sie nicht hin, zusammen mit Ihren Kindern?«

Frau Hauswald antwortet ausweichend. Urlaub zu machen, Berlin zu verlassen, scheint nicht so einfach zu sein. Das bringt mich auf eine andere Besonderheit, die ich wahrnehme, Frau Hauswalds Lautsprache. Ich frage, obwohl sie es bereits erzählt hatte, noch einmal, woher sie kommt. »Aus Kreuzberg«, wiederholt sie, »wir sind alle aus Kreuzberg.« Aber genau das will mir nicht in den Kopf, denn sie klingt nicht Berlinerisch. Ich frage, wie es kommt, dass sie einen fast rheinischen Dialekt spricht. »Durch meine Leute«, sagt sie. »Die kommen aus dem Schwarzwald, aus Göttingen und Cuxhaven.« Sie holt einen Stapel Fotos und Alben, um mir zu zeigen, wie sie als junge Frau in Kreuzberg mit ihrer Sammlung lebte. Ich sehe die junge Regina Hauswald inmitten ihrer Freunde und Angehörigen beim Ausblasen von Geburtstagskerzen, neben einem Weihnachtsbaum, inmitten von Geschenken, Umzugskartons, an Kaffee-Kuchen-Tafeln. Verblüffend, wie in ihrem Leben die Wohnzimmereinrichtungen, Sofabezüge, Frisuren und Pullimuster geradezu grell sich verändern, doch im Bildhintergrund stets ein prall gefülltes Regal mit Pferdebüchern dominiert. Man kann der Sammlung beim Wachsen zusehen. Als wären diese Regale Lebewesen, die sich inmitten dieser Kreuzberger Jugend zu einer eigenen Lebensform verwandeln. Fast unheimlich, wie sie von Jahr zu Jahr immer breiter, immer höher werden und sich über die Wände der Hauswald'schen Wohnungen ausdehnen. Und egal, wie groß und schwer die Regale wurden und wie sehr sie sich vermehrten, sie machten jeden Umzug mit.

»Wie beurteilen Sie den Wert Ihrer Sammlung?«

»*Das Deutsche Hengstregister* von 1992/93 ist dreihundert Euro wert. Es wird auch *Das Schwarze Hengstregister* genannt. Ich habe es fast neuwertig für 2,50 Euro bekommen. Aber nicht alle Exemplare, die ich finde, sind in so gutem Zustand. Pferdebücher haben die Angewohnheit, dass sich in ihnen oft Essensreste finden. Brotkrümel, Getränketropfen, Tabakkrümel. Einmal war ich dabei, als ein Reiterhof aufgelöst wurde. Da gab es auch eine Bibliothek, aber der Buchschnitt war voller Fliegenkacke. Da konnte ich gar nichts mitnehmen.«

Die Sache mit den Essensresten ist interessant, und ich komme mir fast ein bisschen ertappt vor. In wie viele Pferdebücher, Abenteuergeschichten, Märchensammlungen und Mädchenschmöker rieselte ich mein Essen hinein? Es waren nicht wenige. Das Lesen in der Kindheit und Pubertät war ein intensives, hungriges, nahrhaftes Unternehmen. Der Körper verharrte und blieb im gefütterten Zustand glücklich, er war ja oral und geistig stimuliert, gleichzeitig wuchs etwas Neues in ihm heran, indem das Gehirn die Buchstaben fraß und sie in Gefühle, Vorstellungen und Ideen verwandelte. Die Bücher selbst, aufgeklappt wie leere Stullen, nahmen auch ein wenig davon auf; Krümel von Fladenbroten, von Schokoriegeln, die Tropfen aus Kakao- und Teebechern. Aber aus der Sicht von Frau Hauswald stellt sich die Sache weniger poetisch dar. Auf die Frage, wie sie sich denn die Essensreste in Pferdebüchern erkläre, sagt sie: »Weil einige Leute beim Lesen essen und kleckern und nicht aufpassen und das Buch nicht wertschätzen.« Ein Gespräch über die Verbindung von Essen und Lesen anzuregen ist schwierig. Sie scheint nicht gewohnt zu sein, die kulturellen Bedeutsamkeiten und Besonderheiten, die mit ihrer Sammlung im Zusammenhang stehen, zu diskutieren. Ihre Sammlung folgt dem Konzept des gehorteten Schatzes, der expansiv ist und in möglichst optimalem Zustand verteidigt werden muss. Die wenigsten Privatsammler richten ihre Sammlung anhand gesellschaftlicher, kultureller oder historischer Fragestellungen aus. Es sind auch nur die besonders wohlhabenden Sammler, die es sich leisten können, ihre Sammlung von Experten und Kritikern erforschen und kommentieren zu lassen, mit Hilfe von Berichten, Ausstellungen und Publikationen, die sie in Auftrag geben. Frau Hauswald hat keine Mittel für eine Expertise, und ob sie die Verunsicherung, die damit einhergehen würde, verkraften könnte, wäre eine weitere Frage. Aber sie hat das starke Bedürfnis, die Welt von ihrer Sammlung wissen zu lassen. Dass ich mich auf ihr Suchinserat meldete, kam ihr sehr zupass. Dies zeigt auch ihre Geduld und Kooperation über die nächsten Monate. Sie beantwortet jede Mail, sie liest mein Buch *Die Gespenster von Berlin*, und sie erwähnt zweimal, es wieder zur Hand genommen zu haben. Und obwohl wir in sehr unterschiedlichen Welten leben, schlägt ihre Sammlung eine Brücke. Denn das tun Sammlungen, sie entwickeln ein Eigenleben, das auch in einem engen Resonanzverhältnis mit den Wünschen und Bedürfnissen ihrer Besitzer steht. Die Sammlung wird zu einem Organ des Lebens, und das ist eine Überlegung, die mich zurückführt zu meiner Hypothese: Entspricht Regina Hauswald dem Phänotyp der klassischen Sammlerinnen und Sammler, die ihre Sammlung als Überausdruck des eigenen Lebens entwerfen, wobei die Sammlung irgendwann dazu übergeht, selbst das Leben des Sammlers zu beherrschen – auch im Sinne der Gefahr, es damit zu ersticken?

Frau Hauswald legt die Fotos beiseite und zeigt mir Exemplare, auf die sie besonders stolz ist: die erste Auflage von *Islandpferde Reitlehre* von 1986.

»Das ist die erste Auflage. Die vierzehnte Auflage wird für achtzig Euro gehandelt.« Sie zeigt Fotobände von Kaltblütern vor historischen Bierkutschen, von schwarzen Friesen, Araberpferden. Sie äußert die Hoffnung, dass die Sammlung ihr eines Tages die Altersrente sichert. Sie sagt es mehrmals. Der Verkauf der Sammlung ist nicht der eigentliche Zweck, aber die Verkaufsoption ist bei Privatsammlern immer so etwas wie die innere Unabhängigkeitserklärung, die aber nur selten unter Beweis gestellt werden muss. Die meisten Sammler können sich nicht von ihrer Sammlung trennen, und sie werden es nicht, außer, die Sammlung verlangt aus Sicherheitsgründen danach, weil die Erben unfähig sind, die Sammlung nach dem Tode des Sammlers beisammenzuhalten. Und schon schränkt Frau Hauswald die Verkaufsoption wieder ein: »Eher noch würde ich das Auto verkaufen als die Sammlung.«

»Besitzen Sie ein Auto?«

»Im Moment nicht.« Sie erzählt von ihrem beruflichen Werdegang, oder was man so Werdegang nennt. Mit 16 Jahren wäre sie gerne Jockey geworden, was einleuchtet, denn sie ist klein, dünn und zäh. Aber dann lernte sie Floristin, arbeitete kurz in dem Beruf und machte dann eine Umschulung zur Altenpflegerin. Aber das lag ihr nicht. Sie wurde Mutter. Sie hat einen großen Sohn aus erster Ehe, sagt sie, der bei seinem Vater lebt.

Sie ist arbeitslos gemeldet und würde gerne wieder arbeiten, am liebsten als Lieferantin für Arztpraxen, als Laborfahrerin. Dann kommt ihr Mann mit dem 5-jährigen Sohn von der Kita heim. Er schaltet sich nicht in das Gespräch ein, aber jetzt ist es Zeit, sich zu verabschieden. Wir halten über Mail losen Kontakt.

Sie schreibt immer sehr knapp zurück. Ich versuche sie zu längeren Ausführungen anzuregen, damit sie mir ihre Sichtweise über den Zusammenhang zwischen Lebensplänen, Lebensproblemen und Pferden einmal schildert. Ich schreibe: »Meine Tochter reitet jetzt. Und trotzdem fließen Tränen. Die Pubertät beginnt!! Und neue Reithosen sind gewünscht. Und manchmal ist das Reiten nicht so schön, wie es sein sollte. Die Pferde sind manchmal schwierig und die Reitkünste noch nicht voll entwickelt, man fällt runter, steigt wieder auf, andere kritisieren einen.«

Darauf geht sie aber nicht ein. Aber wenn ich ihr knappe Fragen stelle, kommen Antworten. Wieso in ihrem Wohnzimmer kein Fernseher steht?

»Ich lese lieber ein Buch, ich mag Fernsehen nicht so.«

Ob sie auch andere Bücher als Pferdebücher mag?

»Ich lese gerne Krimis oder Thriller.«

Wie es kommt, dass sie niemals Alkohol trinkt, denn das erwähnte sie einmal.

»An meinem achtzehnten Geburtstag trank ich ein Glas Sekt und davon wurde mir so schlecht, dass ich nie wieder einen Tropfen anrührte.«

Ich möchte verstehen, wieso diese zielstrebige und strukturierte Frau keine bezahlte Arbeit hat und keinen Beruf, der ihr Freude macht. Zunächst vermute ich, dass es daran liegen könnte, dass sie relativ spät nochmal Kinder bekam. Dann merke ich aber, dass ich bei allen Vermutungen die Autonomie der Sammlung unterschätze. Frau Hauswald steckt viel Energie in ihre Sammlung. Die Sammlung verlangt es von ihr, sie ist hungrig. Und deshalb ist die Suche nach dem Pferdebuchhändler aus Dallgow auch so wichtig, dass sie sogar mit Hilfe einer Anzeige nach ihm sucht. Er ist ein qualifizierter Teil der Welt, die eingegliedert werden muss, damit die Sammlung ihren Anspruch auf Vollständigkeit und Werthaltigkeit aufrechterhalten kann, und das auch noch zum kleinen Preis. Solange der Mann nicht auffindbar ist, bleibt Regina Hauswald unruhig, und das treibt sie an. Alle paar Wochen frage ich nach, ob sie ihn gefunden hat. Aber es melden sich nur Spinner und Spaßvögel auf die Anzeige. Ich sende ihr Fotos von Pferdebüchern, wenn ich zufällig in Antiquariaten und Flohmarktkisten welche sehe, und frage, ob sie die schon hat. So schnell wird man zu einem Teil ihres Sammelorganismus. Nach mehreren Monaten ist die Suchanzeige immer noch online. Ich habe das Gefühl, um über sie schreiben zu können, um überhaupt eine Geschichte zu haben, muss ich sie bei der Suche mehr unterstützen. Ich frage sie nach Details, wie der Mann aussah. Er sei dicklich gewesen, um die fünfzig, sagt sie, an mehr erinnere sie sich nicht mehr. Das Auto hatte ein Nauener Kennzeichen. Ich frage nach den Titeln der Pferdebücher, die sie aus der Haushaltsauflösung des verstorbenen Redakteurs der »Reiter Revue« hat. Ich will seine Buchbesprechungen recherchieren, um den Namen des Toten zu ermitteln, um dann an seine Erben oder Haushaltsauflöser heranzutreten. Aber das führt nicht weiter. Auf die Idee, alle Trödler und Entrümpler von Nauen abzutelefonieren, komme ich nicht. Die »Reiter Revue« gehörte viele Jahrzehnte zu einem westdeutschen Verlag, der diese Zeitschrift später an einen anderen Verlag verkaufte. Der gesuchte Redakteur zog mutmaßlich nach der Wende nach Nauen, und das mit Grund, Nauen ist ein Superstandort für deutsche Pferdefreunde, hier gibt es sogar eine Schönheitsklinik für Pferd und Reiter. Dennoch konnte ich Regina Hauswald weder den Mann von der »Reiter Revue« noch den Mann aus Dallgow liefern, wenn ich auch lange glaubte, dass ich das für die Geschichte bräuchte. Denn bei Frau Hauswald passiert äußerlich nicht viel. »Der Familie geht es gut«, schreibt sie. »Waren manche Sorgen und Erkrankungen, aber alles wieder vergessen. Ich habe meine sechstausend Pferdebücher voll und marschiere weiter.«

An einem sehr heißen Sonntag treffen wir uns auf dem Trödelmarkt in Dallgow, denn noch treibt mich die Hoffnung. Frau Hauswald dagegen glaubt nicht mehr daran, den Mann zu finden, zu oft ist sie inzwischen in Dallgow gewesen, ohne ihn wiedergesehen zu haben. Im Frühling und Sommer kommt sie zu jedem Termin, jeden zweiten Sonntag. Ihr Mann passt auf die Kinder auf und sie hat den ganzen Vormittag für sich. Nur bei Regen bleibt sie zuhause, da werden die Bücher nur wellig und viele Verkäufer packen ihre Bücherkisten gar nicht erst aus. Der Trödel in Dallgow liegt direkt an der B5, in Verlängerung der Heerstraße, noch vor Karls Erdbeerhof. Wer nicht mit dem Auto kommen kann, nimmt von Spandau aus den kostenlosen Shuttle, aber von Berlin aus ist es schon eine kleine Reise. Die Sonderhaltestelle am Bahnhof Spandau erkennt man an den vielen Leuten, die mit ihren Hackenporsches davor warten. Alle passen wundersam in den blauen Bus, auf dessen Schild das Wort »Spargelfahrt« prangt. Regina ist seit dem frühen Morgen in Dallgow, sie sieht mich, als der Bus in die Haltefurt einfährt und winkt mir zu. Die Hitze in Dallgow knallt noch mehr als in Spandau. Als man hier vor zwanzig Jahren das Einkaufszentrum Havelpark auf die grüne Wiese stellte, hat man vorher jeden Baum gefällt, der etwas dagegen hatte. Regina Hauswalds Haut ist noch rosiger als sonst, sie sieht zufrieden aus, ihr Rucksack ist randvoll. Für den Sohn fand sie ein Spiderman-Skateboard, für die Tochter ein Puzzle und für sich *Das Pferdebuch* von Dr. Hermann Ruthe und *Wotan, der edle Hengst. Geschichte eines Rassepferdes* von Bernhard Goetz. Ich laufe ihr hinterher, sie will noch zwei Reihen abklappern, dann hat sie für heute alles gesehen. Sie hat ein Gespür dafür, wo es sich zu schauen lohnt und wo nicht. An einem Stand, der Schmuck, Nazi-Orden und altes Kaffeegeschirr verkauft, findet sie *Die Geschichte des Pferdes* von Marian Hutten-Czapinski und zahlt nur 50 Cent. »Das Buch besitze ich schon, aber diesen Titel konnte ich schon mal für 27 Euro verkaufen. Aber ich werde damit bis zum Herbst warten, im Sommer kann man im Internet keine Bücher verkaufen.«

»Wieso nicht?«

»Keine Ahnung. Das ist so. Im Moment habe ich auch nur männliche Sammler, die mir was abkaufen. Da weiß ich auch nicht, wieso es so ist.«

Ich staune noch, wie groß und gut besucht dieser Markt ist. Man stelle sich einen bis zum Horizont reichenden Parkplatz eines anspruchslosen, märkischen Einkaufszentrums an einem Sonntag vor, fünftausend Stellplätze, aber heute voller Handel treibender Menschen, die vor ihren Autos die Waren feilbieten und seltsam gute Laune verbreiten. Die meisten sind Privattrödler, dazu kommen ein paar Profis, die Haushaltsgegenstände von Haushaltsauflösungen aus Pappkartons verkaufen. Es steckt viel orangefarbenes Kochgeschirr in den Kartons, Fonduesets und Rumtöpfe. Am Rand des Parkplatzes kaufen die Leute an kommerziellen Ständen eingeschweißte Dauerwürste, Kekse vom Keks-Outlet, Batterien und Quarkkeulchen, als gäbe es kein Morgen. Einige Verkäufer machen eine kleine Show, tragen Riesenhüte, geben das Wechselgeld mit einem langen Holzlöffel raus, singen vor sich hin. Das ist kein Sonnenstich, das ist Dallgow, das Volksfest des Kleinbetrags. Für einen Euro bekomme ich ein TKKG-Hörspiel. Viele Leute scheinen sich schon länger zu kennen, grüßen und necken sich. »Nachher noch beim Boss?« – »Ich geh hin!« Bruce Springsteen wird am Abend in der Spandauer Zitadelle erwartet. »Kann ich helfen?«, fragt ein Händler.

»Ich guck nur. Oh, ein Böhse-Onkelz-Rucksack, dann ist das nicht mein Stand.«

»Das ist nicht mein Rucksack, den hab ich im Müll gefunden.«

Frau Hauswald stellt sich zu zwei Herren, die auf den ersten Blick etwas schmuddelig wirken, aber das ist wohl deren Berufskleidung, denn der eine ist Entrümpler und der andere der Gründer des Trödelmarkts Dallgow, der legendäre Karl-Heinz Wulfes. Der Entrümpler schüttet Wulfes sein Herz aus, seine Exfrau spielte ihm bei der Scheidung übel mit. Schlimm, was Menschen sich gegenseitig antun, grummelt Wulfes mitfühlend, dann wendet er sich augenzwinkernd Frau Hauswald zu. Die beiden tauschen ein paar Allgemeinplätze über den Verlauf des Markttages aus. Als wir weitergehen, erzählt sie, dass sie den Trödelkönig von Dallgow von der Berliner Altkleidersammlung kennt. Sie hatte da mal einen 1-Euro-Job. »Und wie war der Job?«

»Spitze. Einfach super.« Wulfes spendete der Altkleidersammlung Bestände aus seinem Lager, und Frau Hauswald holte die Sachen ab. Seither grüßt man sich.

Ich sage, ich könnte was zu essen und zu trinken vertragen. Sie dirigiert mich zu einem bestimmten Bratwurststand. Statt sich in die lange Schlange zu stellen, geht sie gleich nach vorne und flüstert dem Bratmaxen was ins Ohr. Es dauert nicht lange, da bekommt sie eine sehr dunkle, fast schwarze Wurst auf die Hand. »Der kennt mich schon«, sagt Frau Hauswald. »Er weiß, dass ich die Halbverkohlten am liebsten esse.« Ich kaufe kalte Getränke und wir sitzen im Schatten eines Bierstandes auf einer Holzbank. Sie grinst zaghaft und eröffnet mir plötzlich, dass sie den Pferdebuchhändler fand. Gleich als sie am Morgen aus dem Shuttle stieg, sah sie ihn. Er hatte nicht mehr viele Pferdebücher. Eine Frau schnappte ihr die letzten Titel vor der Nase weg. Aber sie zeigte ihm sogar ihre Suchanzeige auf dem Handy. »Und wie reagierte er?«

»Er lachte. Aber er war wohl kein Verwandter des Redakteurs.«

»Was war er denn? Etwa ein Entrümpler?«

»Ja. Oder ein Nachbar.« Sie nickt und ich verfluche meine verdammte Bettschwere. Wäre ich nur früher aufgestanden, dann hätte ich es miterlebt, ihre Freude, ihre Enttäuschung. Aber sie lässt sich nichts anmerken. Zweimal noch erwähnt sie diese Frau, die ihr die letzten Bücher vor der Nase wegschnappte, aber dann scheint auch das verwunden. Wir schlendern noch ein wenig über den Markt, ich kaufe Gläser und ein Tablett, dann gehen wir zum Shuttle. Das Einsteigen wird noch zur Sonderattraktion, als in der Haltefurt zwei Einweiser auftauchen, die trotz der Hitze dicke Anoraks und Warnwesten tragen, vor ihren Bäuchen baumeln durchsichtige Brustbeutel mit Ausweispapieren. Der Bus ist von weitem zu sehen, da tigern die Einweiser vor uns auf und ab und fixieren die Wartenden. »Kinderwagen in die Mitte! Alle Kinderwagen zuerst!« »Haben wir Gebrechliche? Lassen Sie die Kinderwagen und Gebrechlichen als Erste rein! Haben wir das verstanden oder soll ich das nochmal sagen?«

»Lass sie reden, lass sie reden«, sagt ein Mann neben mir zu seiner Frau. »Sonst fangen sie gleich nochmal an.« Es ist zum Schießen. Als der Bus vorfährt, trollen sich die Typen endlich. In Spandau verabschieden wir uns vor der großen Florida-Eis-Filiale. Regina Hauswalds Suche nach dem mysteriösen Pferdebuchhändler aus Dallgow konnte abgeschlossen werden. Auch wenn die große Glückszene ausblieb. Aber soll das der Geschichte Ende sein, sie geht nach Hause, löscht die Anzeige, und das war es? Nein, eine Sache will ich noch wissen: Sie erzählte vorhin, bei der Bratwurst, dass ein allererstes Treffen mit Uschi, ihrer Internetfreundin aus Hessen, unmittelbar bevorstehen könnte. Uschi und ihr Mann wollen das Schloss Sanssouci in Potsdam besichtigen. »Ruf in vier Wochen nochmal an und frag, wie es gelaufen ist«, sagt Frau Hauswald, dann steigt sie in ihren nächsten Bus. Aus vier Wochen werden acht. Es ist abends, ihre Stimme klingt müde, kraftlos. »Sind Sie krank?«

»Ach, ich muss eine Maßnahme machen.«

»Welche Maßnahme?«

»Zum Thema Bewerbungen schreiben. Aber ich kann das nicht empfehlen.« Sie schweigt.

»Das tut mir leid.«

»Ich hatte mir mehr davon versprochen. Es klang ganz toll am Anfang.«

»Was – klang – toll?«

»Wie der Kurs beschrieben war. Es klang ganz anders. Ich dachte, dass man sich zusammensetzt und gemeinsam überlegt, was ich machen könnte. Dass man alles in Ruhe durchspricht. Aber die sagen nur: Überlegen Sie sich zuhause, was Sie interessiert, und das schreiben wir dann auf. Mist, das alles.«

»Und die anderen Leute im Kurs? Wie sind die?«

»Die Kollegen? Alle nett. Aber jeden Tag sitzen wir in einem Raum, und alle lesen in ihren Handys und warten, bis sie drankommen. Es ist vertane Zeit. Sinnlos. Das ist rausgeschmissenes Geld. Das denkt jeder im Kurs. Davon sollten die uns lieber einen Job bezahlen.«

Das Treffen zwischen Regina Hauswald und ihrer Tauschpartnerin Uschi, einer ehemaligen Tierärztin aus Hessen, die Pferdepostkarten und Pelikane sammelt, fand an einem wunderbaren Sommertag in der Zitadelle Spandau statt. Frau Hauswald kam mit ihren Kindern, Uschi war in Begleitung ihres Mannes. Gemeinsam besichtigten sie die Zitadelle und auch die Fledermäuse, die in der Festung leben. »Es war ein toller Tag«, sagt Frau Hauswald.

»Hatten Sie im Vorfeld Angst, dass man sich nach so langer Zeit vielleicht gar nicht verstehen würde?«

»Nein. Es war eine Freude.« Sie kann recht einsilbig sein. Aber weil sie eine geborene Sammlerin ist und in einem engen Resonanzverhältnis mit ihrer Sammlung steht, findet sie Worte. »Ich hab mir überlegt, ich will meine Sammlung verkleinern. Einige Teile verkaufen und nur noch die guten Bücher behalten. Ich will auch keine Kinderbücher mehr haben oder Bücher, die mir laufend nachgeschmissen werden.« Sie sagt, sie spare jetzt für ein Auto. »Um damit nächsten Sommer mit den Kindern zusammen nach Hessen zu fahren, zu Uschi.«

Damit endet diese Geschichte, auch wenn ich nicht mehr erfahre, ob Regina Hauswald ihre neuen Pläne realisiert. Falls ihre Sammlung der Neustrukturierung zustimmt, kann sie neue Wege einschlagen. Aber das wäre ungewöhnlich, denn eine Sammlung möchte meist nur wachsen.

»Wie viele Bücher haben Sie jetzt, Frau Hauswald?«

»Etwas über 6200. Wollen Sie es genauer wissen? Dann schaue ich kurz nach.«

»Nicht nötig, das reicht mir als Information.«

Sammlerinnen wie Frau Hauswald werden gern belächelt, mit ihren Kronkorken, Bierdeckeln, Fußballtrikots und Nilpferdfiguren. Ein Pferdebuch mag mehr Gewicht haben als ein Bierdeckel. Aber ich kann keinen Unterschied zu den gerühmten Sammlern entdecken, die teure Gemälde, Skulpturen und konzeptuelle Kunst vereinen. Von den mühevollen Distinktionen und dem großen Geldbeutel abgesehen. Monsieur François Pinault sagt, dass das Sammeln eine Strategie ist, um der Melancholie zu entgehen. Ein elegantes Wort, Melancholie, in Berlin heißt das wohl eher »den Depri schieben«. Aber da sind alle Sammler gleich, sie sind Retter, die selbst gerettet werden müssen.

Auf ein Wort

Die Idee, einen Marktplatz wie eBay Kleinanzeigen als Fundort für Geschichten zu betrachten, kam mir durch den Kauf einer alten Dorfschule in Brandenburg, in einem Landkreis, dessen Struktur bis heute von dem Kontrast zwischen großen Gutshöfen und kleinen Dörfern, in denen die ehemaligen Gutsarbeiterfamilien leben, geprägt ist. Das unbewohnte, hundertjährige Haus mit Feldsteinsockel wurde meiner Familie günstig angeboten. Die Verkäufer waren die Kinder des Dorfschullehrers, die in dem Haus aufgewachsen waren. Sie hatten längst eigene Häuser gebaut oder waren weggezogen. Das große Zimmer mit den Fenstern zum Garten raus hatte zu DDR-Zeiten, bis in die Siebzigerjahre, als Klassenraum für eine altersgemischte Klasse gedient. An der Tapete erkannte man noch die Umrisse der Tafel. Alle anderen Zimmer bewohnte die Lehrerfamilie. Im Garten standen noch die alten Plumpsklos für Schüler und Lehrer und eine eingefallene Scheune, die ein Schülerwaschraum war. Das Lehrerpaar hatte ein besonderes Gespür für die Ordnung im Garten besessen, alles war sinnvoll und harmonisch angelegt, Obst und Gemüse, Stauden und Blumen, nur war alles verwildert, seitdem die beiden vor einigen Jahren gestorben waren. Nur hundert Meter Luftlinie entfernt ruhte das Paar auf dem Dorffriedhof. Ein Erbe sagte bei der Besichtigung: »Willkommen in der Kinderprügelanstalt.« – »Hier wurden Schüler verprügelt?« – »Im Gegenteil«, sagte er, »mein Vater war bei der Dorfjugend sehr beliebt, nur gegen die eigenen Kinder hatte er eine harte Hand.« Mit neuen Besitztümern kommen überraschende Geschichten ins Leben, und ein altes Haus steckt voller Überraschungen. Der Erbe informierte uns über seine Vorfahren, da gab es den preußischen Baumeister Haeberlin, der nach den Deutschen Einigungskriegen die Siegessäule in Berlin baute. Und eine Frau, die nach Kenia ausgewandert war, um eine Farm zu bewirtschaften. Bald bildete ich mir ein, dass der exotische Trompetenbaum im Garten, der Blätter trug so groß wie Elefantenohren, nur aus diesem Grund so prächtig wuchs, weil er eine Geschichte besaß, die Kenia mit Brandenburg verband. Ohne Geschichten wäre die Umgebung ärmer, und mit den Geschichten war es fast zu viel. Eine Erbin sagte bei der zweiten Besichtigung: »Manchmal hatte ich den Eindruck, ich wurde nur geboren, um den anderen das Licht an- und auszuschalten. Nachts, wenn meine Geschwister auf den Topf mussten, hieß es immer: ›Ella, Licht.‹ Da stand ich auf und machte Licht. Und wenn sie fertig waren, hieß es: ›Ella, Licht aus.‹ Dann erst konnte ich endlich wieder schlafen, bis der Nächste auf den Topf musste.«

Der erste Stock war besonders unheimlich, unter dem Dach gab es eine Räucherkammer, die an den Schornstein angegliedert war, dort wurden die Schinken der Schweine geräuchert, die ihren Koben im Garten gehabt hatten, neben dem Schülerwaschraum. Das Haus war klamm und verwohnt, aber jede Wand schaute einen erwartungsvoll an, und im Garten summten bald die Hummeln. Das Haus musste renoviert und eingerichtet werden. Da wir es nur an den Wochenenden und in den Ferien nutzen würden, reichte eine rustikale Einrichtung, mit Flohmarktmöbeln und Gegenständen mit Patina. So entdeckte ich eBay Kleinanzeigen und auch, dass die Berliner Bevölkerung mit ihrem Privatbesitz Handel trieb, als wäre der Teufel hinter ihr her. Theoretisch könnte man sich vollständig mit kostenlosen Möbeln einrichten, würde der eigene Geschmack einen nicht daran hindern (15 132 Anzeigen stehen in diesem Moment in der Kategorie »zu verschenken und tauschen« in Berlin). Und wäre man willens, zu einer bestimmten Uhrzeit an einem bestimmten Ort zu erscheinen, der meist im vierten oder fünften Stockwerk eines Hauses ohne Aufzug liegt, um ohne Hilfe des großzügigen Schenkers alle Gaben alleine abzubauen und runterzutragen, könnte man sich auch mit kostenlosen Kühlschränken, Waschmaschinen und Kleiderschränken eindecken. Eine Weile lang sah ich täglich nach Werkzeugen, Haushaltsgeräten, Fliesen und Möbeln. Kaufte einen Herd für 50 Euro, Gartenmöbel aus Teakholz für 140 Euro, eine Edelstahlpfanne für 3 Euro, kaufte das Sofa einer berühmten Schauspielerin, inklusive Transport, kaufte eine Keramikdoppelspüle samt Armaturen für 140 Euro, drei Angeln für 6 Euro. Hunderte neue Anzeigen werden täglich im Berliner Innenstadtbereich aufgegeben. Bald fiel mir auf, dass es nicht nur Sachen zu entdecken gab, sondern Menschen und ihre Lebensverhältnisse und Geschichten, und durch die Kleinanzeigen kam ich in kurzen, intensiven Kontakt damit. Das ist nichts Neues, nur verläuft ein Privatverkauf nicht immer vorhersehbar oder angenehm. Man macht eine Verabredung, nimmt einen Weg auf sich – auch lange Strecken in unbekannte Wohngebiete –, nur um einen Gegenstand anzusehen. Man betritt eine fremde Wohnung, führt ein Gespräch, verhandelt im Wohnzimmer oder an der Haustür. Dass viele Privatverkäufer verärgert aufs Handeln reagieren, nahm ich als besonders eindrucksvoll wahr. Ich ging dazu über, die Leute zu testen, indem ich um Preisnachlass bat. Einige reagierten souverän, andere wurden trotzig. Einmal spürte ich regelrecht Fremdenhass, als sei es zutiefst unwürdig, einer Deutschen abzuverlangen, ihren vorab festgesetzten Preis Verhandlungen auszusetzen. Da beschimpfte mich eine kettenrauchende Katzenmutti, aber man sollte gewarnt sein, wenn der Satz »aus tierfreiem Nichtraucherhaushalt« in einer Anzeige fehlt.

Ich begann von Anzeigen zu träumen, mir erschienen Möbel im Traum, Tür auf, Tür zu, halbtote Ikea-Sofas, zentnerschwere Waschmaschinen, die wie Rapunzel in der obersten Etage auf jemanden warteten, der sie runterträgt.

Seitdem Privatanzeigen nicht mehr in Zeitungen erscheinen, wo der Platz beschränkt war und jede Zeile zu viel bezahlt werden musste, fallen nicht nur die Kürzel weg (umsthlb. abzugeb.); viele Inserenten sind nun besonders kreativ, beschreiben in extenso ihre Lebenssituation oder die vielen Vorteile der »heißgeliebten Jeanshose«, oder sie bezaubern auf volkspoetische Weise, um einem alten Kühlschrank mit kaputtem Tiefkühlfach neues Leben einzuhauchen:

Kühlschrank sucht neuen Öffner, VB 50 Euro
Hallo, ich bin ein 3 Jahre alter Kühlschrank. Ich suche ein neues Zuhause und jemanden, der mich jeden Tag aufmacht und den ich mit vielen Leckereien beschenken kann. Ich wurde leider durch einen größeren Kühlschrank ersetzt und stehe so vor mich hin. Ich bin noch relativ ganz, außer dass es sehr dunkel in mir drinnen ist und das Fach zur Tiefkühltruhe leider kaputt ging, aber ich kühle noch ganz brav. Ich bin in Köpenick abzuholen und würde mich sehr über einen neuen Besitzer freuen. Habe ich dein Interesse geweckt, dann melde dich doch einfach ;) Ich bin 85 cm hoch, 47 cm breit und 47 cm lang.

Ich begann die interessantesten Anzeigentexte zu sammeln (copy & paste) und sie zu kategorisieren: lustig, verblüffend, unverschämt.

Zwei Töpfe Edelstahl Topf *Preis: 10 €*
Habe zwei Töpfe mit Deckel abzugeben. Der kleine in super Zustand, der große müsste nochmal geschrubbt werden. Wer keinen zusammenhängenden Satz schreiben kann, muss sich gar nicht erst melden.
Nachricht von mir *Gestern, 22:56*
Guten Abend, ich bräuchte gute, günstige Töpfe. Welches Fabrikat haben Ihre Töpfe, wissen Sie das? Und welcher Art sind die Verunreinigungen des großen Topfes? Und wieso legen Sie auf korrekte Sätze viel wert, aber schrubben die Töpfe nicht mal selbst? »Ein jeder kehre vor seiner Tür / und rein ist jedes Stadtquartier« (Johann W. v. Goethe)

Schließlich schrieb ich Inserenten auffälliger Anzeigen an und bat um ein Gespräch. Ich variierte die Bittbriefe, wusste nicht, worauf reagieren die Leute besser, wenn ich kulturwissenschaftlich oder künstlerisch auftrete? Mit einigen Leuten blieb es beim schriftlichen Austausch, dabei erfuhr ich vieles über die Haltung und Pflege von Königspythons (1211 Königspythons werden in diesem Moment deutschlandweit bei eBay Kleinanzeigen angeboten) oder wie schwer es sein kann, einen gemeinsamen Termin zur Abholung von acht Dessertschalen zu vereinbaren. Bald nutzte ich eBay Kleinanzeigen auf zwei Arten: einmal, um Sachen für das Wochenendhaus zu kaufen, aber auch, um Geschichten auf die Spur zu kommen. Meine Kaufabsichten waren nicht immer klar. Wollte ich wirklich ein Paar gebrauchte Stiefel kaufen, oder wollte ich Zeit mit der Frau verbringen, die sie unter tragischen Umständen offerierte? Ich kaufte auch Dienstleistungen und besondere Erlebnisse: eine Zahnprophylaxe bei den Auszubildenden des Philipp Pfaff Instituts; eine Wahrsagerei mittels Tarotkarten; eine Einführung in die Kunst der Herstellung von Kefir mit Kefir-Pilzen. Einmal antwortete ich einer jungen Frau, die eine Sofaübernachtung suchte und dafür Putzdienste anbot.

http://kleinanzeigen.ebay.de/anzeigen/s-anzeige/suche-couch-nettes-bett-fuer-1-2-naechte-in-berlin-ab-heute/ ....
Wer hätte für mich (weiblich, 30 Jahre) kurzfristig eine Couch oder Bett frei für 1-2 Nächte? Bitte keine anzüglichen Angebote und ich würde auch einen eigenen Schlafplatz bevorzugen, wenn möglich. Würde auch putzen etc. als Gegenleistung. Ich habe mich von meinem Freund getrennt und hab grad keinen Schlafplatz, muss erst mal alles in die Gänge bekommen ... LG

um 11:15 schrieb SarahK über eBay Kleinanzeigen:
Hallo, ich heiße Sarah und würde dir 1-2 Übernachtungen anbieten. Wir (Familie mit 2 Kindern) können dir ein Bett im Gästezimmer anbieten. Putzen brauchst du nicht. Da ich Schriftstellerin bin und gerade ein Buch über Kleinanzeigen schreibe, wäre meine Gegenleistung, dass du mir deine Geschichte erzählst.

um 14:42 schrieb Franzi über eBay Kleinanzeigen:
Hallo Sarah, vielen Dank für deine Nachricht. Ich würde dein Angebot gerne annehmen, wenn das in Ordnung ist? Ich erzähle dir natürlich auch meine Geschichte :) Wann könnte ich denn nachher bei euch aufschlagen? LG Franzi

um 14:48 schrieb SarahK über eBay Kleinanzeigen:
Liebe Franzi, am frühen Abend kannst du gerne kommen.

Bitte erlaube noch eine Frage, bevor ich dir die Adresse gebe. Da ich als Mutter auch eine Verantwortung gegenüber meinen Kindern habe, muss ich erst mal wissen, ob du drogenabhängig bist oder sonstige Dinge im Hintergrund stehen, die ich vorher wissen müsste.

um 14:58 schrieb Franzi über eBay Kleinanzeigen:
Die Frage ist absolut berechtigt. Und ich bin nicht drogenabhängig und habe sonst auch keine Probleme, außer meiner Trennung. Hier meine Handynummer, falls du durchklingeln möchtest.

Sie klang nett. Sie sagte, es hätten sich »nur komische Männer« auf die Anzeige gemeldet. Ich fragte, wieso sie sich eine Übernachtung ausgerechnet über eBay Kleinanzeigen organisieren müsse, habe sie keine Freunde, Verwandte? Sie verstünde sich nicht mit ihrer Mutter, sagte sie, alles Weitere würde sie am Abend erzählen. Franzi kam nicht, sie schrieb, sie würde bei einer Freundin übernachten. Gab es Franzi wirklich? War ihr Foto nicht viel zu verführerisch, kokett gewesen? Gehörte sie zu der gleichen Sorte wie ich, eine, die mit eBay Kleinanzeigen arbeitete? War sie eine Boulevardjournalistin, die lüsterne Männer an den Pranger stellen wollte; eine Prostituierte, die eine neue Masche versuchte; oder reif für das Frauenhaus? Meine Phantasie war begrenzt, deshalb war es enttäuschend, Franzi nicht getroffen zu haben.

Bald setzte ich selbst Anzeigen auf, um die Verkäufer-Perspektive besser zu verstehen: Wer meldet sich, wie aufwändig ist es, Dinge aus dem eigenen Haushalt zu verkaufen? Wird jedes Verkaufsangebot von Erfolg gekrönt, egal wie benutzt, alt und schäbig es ist, kann man alles bei eBay Kleinanzeigen loswerden? Aber nein, Verkaufen ist eine Kunst.

Gerne hätte ich auch Geschichten aus Brandenburg erzählt, doch in Brandenburg ist auch eBay Kleinanzeigen ein karger Ort. Die Menschen leben nicht im Überfluss, die Keller und Dachböden stehen noch nicht voll mit alten Ikea-Sofas, und bedingt durch ihre Geschichte und die Verluste, die sie erfahren haben, sind sie misstrauisch und scheu geworden, fürchten Lug und Betrug, lassen Fremde nicht in ihr Haus, und über Geld sprechen mögen sie erst recht nicht. Das sind große Hemmnisse beim Handeln. Ich dachte lange darüber nach. Dann las ich Brandenburger Sagen, die von Pech, Missgeschicken und hämischen Kobolden erzählen und wie die Menschen von ihnen abgehalten werden, zu versteckten Schätzen zu gelangen. In den Sagen müssen sie sich zwischen Leben und Schatz entscheiden, Tod oder Gold. Ich schwamm in einem Fluss, an dessen Ufer Kobolde Hochzeit feiern und laut Dorfchronik Kinder ertrunken sind. Ich begann zu ahnen, was los sein könnte: Hier lebte noch die alte Phantasie, dass man einen Schatz besitzt, der vergraben im Garten oder im nachbarlichen Gutshof liegt, im Wald oder im Moor. Und wenn man den Schatz auch nicht für sich haben darf, so verteidigt man ihn doch gegen Fremde, Neugierige, Zugezogene, auswärtige Pilzsammler, Trödler, Feriengäste. Niemand soll den unbekannten Schatz kriegen. Dieses Thema führte mich tief in die frühe Besiedlungsgeschichte Brandenburgs, von den Wikingerschätzen im Moor bis hin zu den Gutsbesitzern, die vor dem Einrücken der Russen im Frühjahr 1945 noch flink das goldbesetzte Meissener Porzellan vergruben, bevor sie in den Westen flüchteten. Diese Schatzgeschichten aber wären ein anderes Buch, in einem anderen Jahr. Also beschränkte ich meinen Suchradius auf Berlin. Auf Reisen innerhalb Deutschlands aber probierte ich über eBay Kleinanzeigen eine andere Art des Sightseeing. Die Leute präsentieren in ihren Anzeigen auch ihre Region auf typische, manchmal deprimierende Weise, ihre Wohnzimmer, Gärten und Garagen, ihre infrastrukturellen oder demographischen Probleme, authentisch und unverstellt. Und das alles steht uns offen wie ein Museum, man muss den Leuten nur etwas abkaufen.

Die Geschichte meines geblümten Gästesofas – »Erbstück von bekannter deutscher Film- und Fernsehschauspielerin« hieß es in der Anzeige – schaffte es jedenfalls nicht in dieses Buch. Der Inserent war ein Neffe der kurz zuvor verstorbenen Elisabeth Wiedemann, die als »die dumme Kuh der Nation« – so nannte sie ihr Filmpartner »Ekel Alfred« – in der ersten deutschen Sitcom *Ein Herz und eine Seele* berühmt wurde. Das im englischen Landhausstil gehaltene Sofa mit dem opulenten Rosenmuster in den Farbtönen Gelb, Grün, Rosa sah auf dem Anzeigenfoto deutlich besser aus. Der Neffe hatte aus Versehen den erdbeerroten Farbfilter genommen. Aber die Qualität! »Meine Tante kaufte immer nur das Beste!«, schwärmte er. Allein die hellblauen Leinentücher im Bettkasten des Sofas, im Preis inbegriffen, waren oberste Luxuskategorie. Aber dann schilderte der Neffe noch das halbe Leben seiner berühmten Tante, die bis ins hohe Alter Theatertourneen machte und, ganz wie in ihren Rollen, einen schillernden, exaltierten Charakter besaß, ohne einen Funken treuherziger Mütterlichkeit. Als er dann noch zwanzig Euro mit dem Preis runterging und seine Hilfe beim Transport anbot, hatte ich meine Gegenwehr aufgegeben. Geschlagen mit meinen eigenen Waffen, hatte mich der Neffe der großen Elisabeth Wiedemann durch seine schiere Erzählwut zum Kauf überredet. Das Elisabeth-Wiedemann-Sofa ist bei meinen Übernachtungsgästen aber sehr beliebt, einfach weil es das Elisabeth-Wiedemann-Sofa ist, ein Gegenstand mit einer einmaligen Geschichte.

Der Affenwärter von Westberlin

Berliner Zoo, Affen, Fotos, Privatnachlass von Kurt Walter, »Affen-Walter«.

Preis: 40 €. Biete 9 größere Originalfotos, Privatnachlass von ehemaligem Affenhaus Revier-Pfleger Kurt Walter, Fotos stammen aus den 60er/70er Jahren, im gebrauchten Zustand. Fotos sind begriffen, ein paar Knickspuren sind vorhanden, Kanten und Ecken sind ein wenig bestoßen. Größe: 18 x 24 cm und kleiner. Privatverkauf, daher keine Rücknahme, Garantie- und Gewährleistungsansprüche.

Die Wohnung des Privatverkäufers riecht nicht wie eine Wohnung, in der gekocht, geschlafen, der Körper gereinigt und Wäsche getrocknet wird, sie riecht nach den Sachen, die hier herumstehen, Trödelwaren, Altberlin-Nostalgika, Graphiken, Porzellan. Zwei Menschen können hier nicht aneinander vorbeigehen, man muss aufpassen, nichts umzustoßen. Die Preise der zum Verkauf gebotenen Gegenstände liegen überwiegend zwischen zwanzig und achtzig Euro. Die Zimmertüren stehen offen, aber es ist kein Platz einzutreten. Der Privatverkäufer hat über hundert Inserate aufgegeben, aber er agierte im Vorfeld sehr vorsichtig, als ich ihm per Mail viele neugierige Fragen stelle, höre ich nichts von ihm, aber als ich mich als Interessentin von zwei kleinen David-Bowie-Wandspiegeln ausgebe, ruft er zurück. Er zeigt mir die Spiegel, sie sind großartig, ich lege das Geld hin. Eigentlich wollte ich die Fotos von dem Affenmenschen sehen. Affen-Walter, wer war das? Wieso landet Affen-Walters Privatnachlass in der Wohnung eines leicht paranoiden Privatverkäufers von Trödelware? Ich habe Angst rauszufliegen, sobald ich mein Interesse zeige. Er ist von der nervösen Sorte, misstrauisch, wahrscheinlich Angst vorm Finanzamt. Er packt die Spiegel in Zeitungspapier und fragt, ob ich noch etwas anderes sehen möchte. »Ich habe nur noch dreißig Euro dabei«, sage ich.

»Was interessiert Sie?«

»Haben Sie Porzellan oder Fotos? Sie hatten doch auch Fotos vom Zoo inseriert?«

»Was machen Sie? Verkaufen Sie weiter?«

»Ich mag alte, skurrile Fotos.« Ich darf mich in die Küche setzen. Er holt eine Mappe und nimmt einen Stoß Fotos heraus. Einzeln reicht er mir die Bilder von dem Affenwärter Kurt Walter, der in der Berliner Bevölkerung als Affen-Walter bekannt war. Ich sehe ihn mit Prominenten, Politikern, Bundespräsidenten, Schimpansen, Orang-Utans. Auf einigen Bildern ist auch eine Frau zu sehen, die durch ihre Leibesfülle und stark gemusterte Haushaltskittel auffällt, sie posiert und knuddelt mit den Affen und führt sie dem Zoopublikum vor. Das war die Ehefrau, sagt der Privatverkäufer. »Nun sind beide Walters tot.«

»Wann gestorben?«

Er wisse es nicht, er habe die Sachen auf dem Trödelmarkt auf der Straße des 17. Juni in Kisten entdeckt. Er habe sich den Schatz mit zwei anderen Männern teilen müssen. Jetzt verkauft er ihn stückweise, Briefe, Postkarten, Tagebücher, Arbeitsprotokolle. »Das meiste kaufen Zoo-Sammler«, sagt er. Der Affen-Walter sei legendär gewesen, weil er Affenbabys mit der Hand aufzog. Alle Berliner kannten ihn, behauptet der Privatverkäufer, aber er meint wohl die Westberliner. Die Leute, die mit Affen-Walter und seinen Affen posieren, sind Repräsentanten Westberlins und der alten Bundesrepublik mit ihrer transatlantischen Westbindung.

»Zoo-Sammler – was sind das für Leute?«

»Zoo-Sammler haben Geld«, sagt er, »die halten ihre Sammlung zusammen, auch wenn sie sie nicht öffentlich machen. Aber sie wollen alles besitzen, was mit Zoo zu tun hat.«

Von den Tagebüchern des Kurt Walter habe er sich nur schweren Herzens getrennt, sagt er, sie gingen an einen Zoo-Sammler in der Schweiz. Oder war es Norwegen? Er erinnere sich nicht mehr. Ich kaufe ihm acht größere Schwarz-Weiß-Fotos ab, sie sind mit Stempeln von Fotografen und Agenturen und mit Jahreszahlen versehen. Ich kaufe überwiegend Abzüge, keine Bildrechte.

Die Fotos sind nur eine erste Spur. Ich bringe sie zu den Menschen, die Kurt Walter kannten, die seine Kollegen, Nachbarn und Freunde waren. Die wie er in einer der Dienstwohnungen und Häuser im Zoo lebten, die für die Augen des Zoopublikums unsichtbar und doch über das ganze Gelände verteilt sind. »Dreiunddreißig Menschenfamilien leben im Zoo«, erklärt mir der langjährige Zootierarzt Dr. Jarofke, der nun am Stadtrand lebt. Er nimmt sich immer wieder die Zeit, mir von seinen Erlebnissen mit Affen-Walter zu berichten, sowohl von den veterinärmedizinischen Entwicklungen jener Jahrzehnte wie auch von den ausgelassenen Partys der feinen Westberliner Gesellschaft, die es liebte, Orang-Utans und Schimpansen einzuladen, sie Champagner saufen zu lassen. Die Fotos führen mich auch ins Zooarchiv, zu Frau Borchert, die mich mit Akten und Fachartikeln versorgt. Sie führen mich zum Raubtierkurator Heiner Klös, der als Sohn des Zoodirektors Heinz-Georg Klös im Zoo aufwuchs und Kurt Walter von klein auf »Onkel Walter« nannte. Als Affen-Walter im Krankenhaus im Sterben lag, bekam Heiner Klös einen Anruf von dessen Nachbarin, Frau Brandt, sie fragte ihn, ob der Zoo den Nachlass haben wolle, bevor die Entrümpler kämen. Klös fuhr hin und sah die vielen Kartons in der Wohnung stehen und war schlicht überfordert. Er nahm nur ein paar Bücher und eine Tierskulptur mit.

Die Fotos führen mich auch zum Ehepaar Wieland, er war über Jahrzehnte der Nashornwärter im Zoologischen Garten Berlin, und er liebt das Reden nicht so sehr, dafür besitzt seine Frau Helga ein gusseisernes Gedächtnis und kann sehr lebendig erzählen. Schließlich lerne ich auch Affen-Walters Nachbarin Frau Brandt kennen, sie ist selbst eine Art Wärterin von Beruf, denn sie ist als Beamtin im Justizvollzug tätig. Sie sorgte in den letzten Lebensjahren für Affen-Walter, kochte für ihn, besuchte ihn im Heim und organisierte seine Haushaltsauflösung. Dafür schenkte er ihr das Heiligtum seines Lebens, ein rotes Gästebuch, in das sich seine vielen Gäste im Menschenaffenhaus einschrieben. Eine bizarre Mischung findet sich da: Michael Jackson, Carl Zuckmayer, Ivan Rebroff, Jane Goodall, dazu Bürgermeister, Bundespräsidenten, Prinzen, Fußballer, Film- und Volksschauspieler. Ein richtiges Promi-Gedränge scheint es im Affenhaus gegeben zu haben. Nicht alle Namen kennt man noch, viele aus den frühen Jahren der Bundesrepublik sind vergessen. Frau Brandt zeigt mir seine Sterbeurkunde: Geboren 1925 in Berlin-Neukölln, starb er mit neunzig Jahren im Februar 2015, er war verheiratet mit Kveta Walter, geborene Nykrineva, sie starb schon einige Jahre vor ihm. Nach seinem Tod dauert es nur wenige Wochen, bis

Teile des Haushaltes bei eBay Kleinanzeigen landen, und dann noch ein paar Wochen, bis mir die Anzeige mit den Fotos beim Stöbern auffällt. Mich faszinieren die vielen Prominenten im Affenhaus. In meinem Berlin gehen Prominente nicht in den Zoo, um sich mit einem Tierpfleger fotografieren zu lassen, die gehen lieber ins Grill Royal oder züchten alte Tomatensorten in Brandenburg und machen Selfies. Zu Affen-Walters Zeit war es anders, aber er hat das Sonderbare seiner Zeit nicht bemerkt, glaube ich heute. Er, der von 1943 bis 1990 im Zoologischen Garten arbeitete, wunderte sich nicht einen Moment, dass die geschichtliche Entwicklung so verlief, dass die Welt sich während einiger merkwürdiger Jahre bei seinen Affen einfand, so dass das Menschenaffenhaus zu einem Zentrum der westlichen Welt wurde.

1942: Das Geheimnis der Raubtiere

»Jungchen, was bist du denn für eine Gestalt?«, fragt der alte Wärter August Liebetreu den neuen Hilfswärter, der eine Schubkarre schwerer Säcke voll Obst und Gemüse ins Affenpalmenhaus bringt. »Ich bin gelernter Drogist und komme aus Neukölln«, sagt Kurtchen, der ein groß gewachsener, aber weicher Kerl ist, mit Babyspeck zwischen Wangen und Hals. Kurtchen wuchtet die Säcke auf den Tresen in der Tierküche. Eine Rübe fällt runter, er bückt sich und hält sie Liebetreu hin.

»Und haste je mit Tieren zu tun gehabt?«

»Vor allem mit Stallhasen«, sagt Kurtchen. »Die hat meine Oma für den Sonntagsschmaus gemästet. Aber ich mag die nicht essen, wie die einen angucken, und dann muss man ihnen noch das Fell abziehen. Nee, dann lieber Rüben.«

»Du scheinst ja ein empfindliches Gemüt zu haben. Nimm

dich bloß in acht, Jungchen, heute Nacht wird es hier schlimm zugehen. Aber das hast du nicht von mir gehört. Wenn du kein Blut sehen kannst, dann halte dich fern von den Raubtieren, sonst musste noch mit anpacken bei der Schweinerei. Ein Jammer.« Kurt nickt, aber er versteht nicht die Bohne. Er folgt Liebetreu, als der zu der Schimpansin Suse in ihren Käfig geht. Frau Liebetreu ist dabei, der Affendame ein weißes Kleidchen und ein Häubchen anzuziehen. Wärter Liebetreu führt Suse an der Hand zum Außengehege, gleich beginnt die Vorführung. Kurt soll derweil im Käfig den Kot absammeln, den Boden und die Gitter brausen und anschließend gut ausfegen. »Je sauberer der Affenkäfig, desto länger lebt mein Affe«, sagt Liebetreu. »Und wenn du keinen Ärger mit mir haben willst, dann machst du das ordentlich, Jungchen. Verstehen wir uns?« Kurtchen nickt, er hatte von einem anderen Hilfswärter gehört, dass die Affenkäfige mehr als gründlich geputzt werden müssen. Besonders der Käfig von Suse, Liebetreus wertvollstem Tier. Ein Affe im Zoo lebt normalerweise drei oder vier Jahre, dann wird er krank und stirbt, weil er die Krankheiten der Menschen bekommt oder weil der Kontakt mit den Exkrementen ihn schwächt. Wissenschaftlich ist der Zusammenhang noch nicht untersucht worden, aber ein guter Wärter wie Liebetreu ahnt, dass ein sauberes Tierhaus und auch die Pflege seiner eigenen Gesundheit das mindeste sind, was er für die Tiere tun kann. An Affenzucht ist unter diesen Bedingungen nicht zu denken. Liebetreu dressierte Suse auf Kunststückchen, auch aus Eigennutz. Sein Lohn ist karg, aber er kann mit seiner Frau im Zoo wohnen. Mit öffentlichen Fütterungen und Vorführungen verdient er sich Trinkgeld dazu. Das machen andere Wärter auch, aber als Affenwärter genießt er den Vorteil, dass sein Tier besonders gelehrig ist. Ein Affe kann mehr als nur öffentlich gefüttert werden. Liebetreu überblickt die

Menge, die sich vor dem Außengehege eingefunden hat, und ist enttäuscht. Es sind keine Zivilisten im Publikum, nur Männer von der SS. Sie bekommen sowieso verbilligten Eintritt, es wäre schon ungewöhnlich, wenn einer von denen etwas springen ließe. Liebetreu reicht Suse ihren Roller, als sie damit im Kreis fährt, lachen die uniformierten Männer. Liebetreu lässt Suse auf einer Kugel balancieren und hält dabei ihre Hand, dann macht sie noch einen Handstand. Die SS-Männer johlen, als Suses Röckchen fällt. Zum Schluss isst Suse vom Teller und leckt ihn leer. Langsam zerstreuen sich die Männer. Trinkgeld gibt keiner. War ja klar, sind ja schließlich Herrenmenschen, denkt Liebetreu, aber er zeigt seine Enttäuschung nicht, er ist ja nicht blöd, Zoodirektor Lutz Heck ist ein Günstling von Reichsmarschall Hermann Göring, und schon Hecks Vater, der vorherige Zoodirektor Ludwig Heck, brüstete sich erst kürzlich zum wiederholten Male damit, bereits nationalsozialistisch gesinnt gewesen zu sein, »als es das Wort nationalsozialistisch noch nicht gab«. Liebetreu war auch für den Hitler, aber dass das gute Publikum von früher jetzt fort ist, das stört ihn gelegentlich doch, die waren nicht annähernd so geizig wie die Volksgenossen. Hans Ammon, der Vorsitzende der Zoo AG, hatte zwar gemeint, dass »seit dem November 1938 die Luft bei uns noch reiner geworden ist als zuvor«, aber von reiner Luft kann sich ein alter Wärter nichts kaufen, grübelt Liebetreu. Vor Jahren war der Zoo ein Ort für Vergnügungen, Orchester-Konzerte und rauschende Feste, aber heute würde es eine ganz besonders schwarze Nacht geben. Die dienstliche Anordnung vom Ministerium muss durchgeführt werden. Löwen-Baldur hatte es Liebetreu unter Tränen erzählt.

»He, Wärter!« Ein SS-Mann fragt ihn, wo es zum Deutschen Zoo geht, einer relativ neuen Sektion. »Beim Steinbockfelsen links«, sagt Liebetreu und zeigt mit dem Finger. »Heil Hitler.« –

»Heil.« Sollen die Herren weiter gehen, am Deutschen Zoo können sie ihrem Deutschtum nachspüren, bei Ziegen, Böcken, Rindern und Schafen, denkt Liebetreu und bringt Suse zurück in den Käfig. Seine Frau zieht sie aus und drückt sie fest in die Arme, als wäre es ihr Kind. Kurtchen steht in der Ecke und fragt leise, ob es noch was zu tun gäbe für ihn. Liebetreu vergisst, dass er den Jungen dabehalten will, um ihn zu schützen. Pfeifend verlässt Kurtchen das Affenpalmenhaus, an der Kreuzung zum Raubtierhaus bleibt er einen Moment unschlüssig mit seiner Schubkarre stehen. Ein alter Wärter sieht ihn und fuchtelt mit den Armen. Kurt seufzt und schiebt seine Karre weiter. Der Zoo hat nur noch alte Wärter und wenige junge, unerfahrene, die noch keine achtzehn sind und noch nicht in den Krieg müssen. Kurtchen soll sich nach Feierabend in der Küche vom Löwenhaus einfinden, wird ihm geheißen. Da steht er dann mit einer Gruppe Wärter, alle sind aufgeregt und Kurtchen wundert sich, dass die Löwen und Tiger ihre Fleischmahlzeit nicht bekommen haben. Sie brüllen und sind nervöser als sonst. »Wann ist Fütterung?«, fragt Kurtchen.

Er soll nicht blöd fragen, blafft Löwen-Baldur ihn an. Er hat rote Augen und ein geschwollenes Gesicht. Er soll stille sein, flüstert ihm ein anderer zu.

»Der Löwen-Baldur hat 'ne ganz kurze Lunte, den darfst du jetzt nicht reizen.«

Direktor Lutz Heck erscheint, er sieht aus, als wolle er auf Großwildjagd gehen, mit Knickerbockern, Jagdjacke und Großkalibergewehr über der Schulter. Hinter ihm versammeln sich der Tierarzt und der Zoo-Chauffeur Ernst Übrigk, die ebenfalls Gewehre tragen. »Zuhören, Kollegen«, sagt Direktor Heck. »Nach den feigen Bombenangriffen auf unsere deutschen Städte Lübeck und Rostock müssen Vorsichtsmaßnahmen getroffen werden, zur Sicherheit der Volksgenossen. Gestern wurde mir auf dem Dienstweg mitgeteilt, dass sämtliche Raubtiere abzuschießen seien, spätestens sofort. Heute Nacht werden wir sämtliche Löwen, Tiger, Leoparden und Bären schießen. Ich habe Sie darauf einzuschwören, dass über diese Maßnahme bei Androhung schwerster Zuchthausstrafe Stillschweigen zu bewahren ist. Was hier geschieht, darf unter keinen Umständen dem Publikum bekannt werden. Haben das alle verstanden?«

»Verstanden!«, murmeln sie mit einem klammen Herzen. Was Kurtchen in dieser Nacht erlebt, wird er nur wenigen Menschen jemals erzählen. Der präventive Abschuss der Zooraubtiere von 1942, der überdies in allen westdeutschen Zoos durchgeführt wird, wird vor der Öffentlichkeit geheim gehalten. Nur Lutz Heck selbst kann es nicht lassen, er rühmt sich in der Nachkriegszeit in seiner Autobiographie *Tiere, mein Abenteuer* (1952) damit, Ausgleichszahlungen für den Zoologischen Garten Berlin erwirkt zu haben, denn schließlich habe der Zoo an Attraktivität eingebüßt. Die Tatsache, dass während der Bombenangriffe ab 1943 niemals streunende Raubtiere im Zooviertel gesichtet wurden, wird in den meisten Darstellungen zur Zoogeschichte schlicht als glücklicher Umstand gewertet.

1943: Der Raub von Askania Nova

Kurtchen muss mit den Wärtern rüber zum Bahnhof Zoo, um Waggons mit neuen Tieren entgegenzunehmen. Die Steppenrinder, Przewalski-Pferde, Zebras, Elenantilopen und Strauße haben einen weiten Weg aus der Südukraine hinter sich und wollen versorgt werden. Direktor Lutz Heck ließ sie unter seiner persönlichen Überwachung im Tierpark Chapli von Askania Nova verladen, in einem von der Wehrmacht eroberten

Gebiet, das sich inmitten eines riesigen Naturschutzreservats befindet. Lange schon giert Heck nach den robusten ukrainischen Steppenrindern, die er für sein Zuchtprogramm einsetzen will. Er ist besessen von der Idee des »Urochsen«, und er steht unter dem Druck, das ausgestorbene Rindviech wieder ins Leben zu züchten, eines mit riesigen Hörnern und zotteligem Fell, das aussehen muss wie aus der germanischen Mythologie entsprungen. Seinem Freund und Gönner Hermann Göring versprach Heck voreilig: »Ich garantiere Ihnen, dass die Jagd auf den Urochsen auch in Deutschland bald möglich sein wird!« Als Heck die ukrainischen Steppenrinder nach Berlin verfrachtet, steht auf den Papieren *Ad usum hermannii* – »zum Gebrauch Hermanns« –, so wird der Raub verbrämt. In Askania Nova aber wird man Lutz Heck so schnell nicht vergessen.

Kurtchen, nun achtzehn Jahre alt, muss zur Wehrmacht. Alle, die ihn mögen, haben Angst, dass der dicke, weiche Kerl, der ein besonderes Händchen für Tiere hat, unter die Räder kommt. Da er genauso alt ist wie der Direktorensohn Lutz Heck junior und die beiden Jungen gut miteinander können, kommt die Angelegenheit beim Abendbrot in der Villa Heck auf den Tisch. Direktor Heck verspricht seinem Sohn, sich für den Hilfswärter einzusetzen. Bei den schweren Bombenangriffen auf den Zoo, ab November, ist Kurt schon in der militärischen Grundausbildung. Das Zoogelände wird von über tausend Stab- und Phosphorbrandbomben getroffen. Die Mitarbeiter schützen sich in dem nahe gelegenen monumentalen Hochbunker »Gustav«, auf dem schwere Flugabwehrkanonen, sogenannte Flak, stationiert sind. Durch diese Geschütze wurde der Zoo überhaupt erst zum militärischen Ziel. Das Aquarium liegt in Trümmern, »Volltreffer« heißt es schlicht im Schadensprotokoll von Direktor Heck. Aber was der 74-jährige Aquariumsdirektor Oskar Heinroth, einer der Begründer der

Verhaltensforschung, und seine junge Frau Katharina Heinroth am frühen Morgen beim Verlassen des Bunkers mit ansehen müssen, spricht eine andere Sprache: In der zerstörten Krokodilhalle verenden die verletzten Krokodile, ein einzelner Komodowaran irrt herum und zwischen hunderten toten Fischen, Schlangen und Kriechtieren finden sich noch einige lebende Exemplare, die langsam starr werden vor Kälte. Man kann die lebenden Tiere noch einsammeln und in die Kellerräume bringen. Tierfang-Gruppen schwärmen aus und suchen nach entlaufenen Zootieren. Einige Zwergflusspferde werden provisorisch in der beheizten Herrentoilette vom Bahnhof Zoo eingesperrt. Vor und nach dieser Bombennacht evakuiert man 500 Tiere aus 247 Arten in andere Zoos, aber auch dorthin kommt der Krieg noch. Am 30. November 1943 meldete der Londoner Rundfunk: »Die einzigen Lebewesen, die wir heute bedauern, sind die Tiere, die nach der Bombardierung aus dem Zoologischen Garten ausgebrochen und mittels Maschinengewehren auf den Berliner Straßen getötet worden sind.« Ganz so ist es nicht, man hatte mit dem präventiven Abschuss der Raubtiere bereits Vorsorge getroffen. Die »Villa Heck« auf dem Zoogelände zeigt Brandbombenschäden, da entsendet Reichsminister Albert Speer 750 Kriegsgefangene für die Aufräumarbeiten, deren Arbeitskraft gnadenlos ausgebeutet werden darf. Nach wenigen Monaten sind die Gebäude, Tieranlagen und Heizsysteme wiederhergestellt. Vierzig Kriegsgefangene verbleiben dem Zoo als Arbeitskräfte. Wärter Liebetreu bleiben von seinen Menschenaffen am Ende des Jahres nur noch vier Schimpansen, darunter Suse, ein Gorilla und ein Orang-Utan erhalten.

1944: Die Erinnerung an eine Fleischmahlzeit

Bei weiteren Luftangriffen im Januar und Februar mit Spreng- und Phosphorbrandbomben sterben die Elefanten unter den Trümmern der hundertjährigen Elefantenpagode, einzig der Bulle Siam überlebt. In dem Schadensbericht von Lutz Heck werden die Zerstörungen entgegen der Wirklichkeit verharmlost, er betont lieber den Kampfgeist: »Der Einsatz der im Zoologischen Garten wohnenden Betriebsangehörigen war vorbildlich, auch die Frauen machten mit und verdienen jedes Lob.« Der junge Soldat Kurt Walter kommt aufgrund seiner tierwärterischen Vorkenntnisse und der Fürbitte von Direktor Heck in einen Wachdienst in der Schorfheide, nördlich von Berlin. Hermann Göring hält hier, auf dem Gelände seines Jagdschlosses Carinhall, hunderte Hirsche und Wildtiere in Gehegen. Eines Tages wird Zoo-Chauffeur Ernst Übrigk nach Carinhall geschickt, um den Hirschen die Schalen zu schneiden. Da die Tiere auf viel zu weichem Boden gehalten werden, nutzen sich ihre Schalen nicht ab und verformen sich. Wachsoldat Kurt soll Übrigk zur Hand gehen, dabei beobachtet er, wie Übrigk nur mit der Kraft seiner Hände einen gesunden Hirsch niederdrückt und tötet. »Der war krank, den kann man nicht verzehren«, sagt Übrigk und darf das Tier in den Zoo mitnehmen. So bringt er den Kollegen eine lang entbehrte Fleischmahlzeit mit. Dies ist eine Kriegsepisode, die noch auf Jahrzehnte unter Zoomitarbeitern erzählt wird, auch unter solchen, die erst viel später im Zoo arbeiten.

1945: Zyankali und sonst nichts zu beißen

Im Zoo verhungern und erfrieren die Tiere. Die schönen Wohnhäuser und Geschäftsstraßen rings um den Zoologischen Garten liegen in Trümmern, die Kaiser-Wilhelm-Gedächtniskirche hat keine Turmspitze mehr, und sie kriegt sie auch nach dem Krieg nicht mehr zurück, die fehlende Spitze kann die Wirklichkeit des Krieges eindringlich bezeugen. Am 24. Februar trifft eine Luftmine das Direktorenwohnhaus – »Totalschaden« meldet Direktor Heck noch, aber dann taucht er ab. Seine Familie ist längst in den Westen evakuiert. Er selbst soll sich mit seinem Großkaliber am Volkssturm beteiligen, heißt es, und ein anderes Gerücht sagt, er sei in Gefangenschaft oder vielleicht bei Joseph Goebbels in der Reichskanzlei untergekommen. Am 22. April schließt der Zoo. Eine Woche später, am 29. April, erreichen russische Panzer Berlin. Sie pflügen sich durch den Zoologischen Garten. Den Gorilla Pongo, der seit 1936 in Berlin lebt und am Ende reichlich abgemagert ist, erstechen russische Soldaten mit einem Bajonettgewehr. Nie zuvor sahen sie einen Menschenaffen, sie reagieren panisch, die Szenen sind kaum auszumalen. Als der Revierwärter Liebetreu am nächsten Morgen Pongos Leiche findet, liegen zwei erschossene Schimpansen daneben. Die Schimpansin Suse überlebte, weil sie in ihrer Schlafkiste stillhielt. Lutz Heck entkommt am 2. Mai mit einigen Mitarbeitern und folgt seiner Familie nach Westdeutschland. Die Russen suchen ihn noch, wegen des Raubs der Steppenrinder von Askania Nova steht er auf ihrer Fahndungsliste. Aber Hecks Traum vom germanischen Urochsen endet nicht in den Trümmern des Dritten Reiches: Die Familie Heck wird die sogenannten »Heck-Rinder« auch nach dem Krieg von Süddeutschland aus weiter vermarkten. Es handelt sich aber nicht um eine genetische Wiedererweckung des ausgestorbenen Viehs, sondern um eine Abbildzucht nach äußeren Merkmalen, wie man es auch von den Pudelzüchtern kennt.

Die schweren Kämpfe rund um Zoo, Bahnhof und Ku'damm

dauern bis zur Kapitulation am 2. Mai. Mit erhobenen Händen und weißen Tüchern treten die verbliebenen Zoomitarbeiter aus Bunkern und Verstecken. Russische Soldaten bewohnen bis zum 23. Mai das Wohnhaus neben dem zerstörten Aquarium und beaufsichtigen, so berichten es zwei Quellen zur Geschichte des Zoologischen Gartens, das Begräbnis von 82 Menschen in einem Massengrab auf dem Gelände. Die Leichen wurden überall auf dem Gelände aufgefunden, aber um die Identitäten der Opfer wird kein weiteres Aufheben gemacht. Sind es Zwangsarbeiter, die in öffentlichen Bunkern keinen Schutz suchen durften oder die man aus Angst vor ihrer Aussage womöglich erschoss? Sind es die Opfer von Lutz Hecks Großkalibergewehr? Auch diese Fragen begräbt man mit den Leichen. Den Gorilla Pongo verscharrt man neben dem teilzerstörten Affenpalmenhaus.

Nach der angeordneten Sprengung von Carinhall wird der 20-jährige Soldat Kurt mit seiner Einheit gen Westen verlegt, die wird an der Elbe von alliierten Truppen gestellt und entwaffnet. Er und sein Freund Heinz reihen sich in zwei Gruppen. Die eine Gruppe kommt nach Russland, die andere nach England. »Komm zu mir rüber«, gestikuliert Kurt Walter dem Freund zu, »komm schon, Heinzi«, aber Heinz traut sich nicht. Sie sehen sich nie wieder, und dies letzte Momentum ist die wesentliche Geschichte, die Kurt Walter über den Zweiten Weltkrieg erzählt.

Oskar Heinroth, Aquariumsdirektor ohne Aquarium, stirbt Ende Mai fiebernd und entkräftet an den Folgen einer Lungenentzündung, die er sich bei Löscharbeiten im brennenden Zoo zuzog. Er und seine Frau, die 48-jährige Breslauer Zoologin Katharina »Käthe« Heinroth, die 1923 über Hörzellen bei Reptilien promovierte, sind kinderlos. Katharina wird von russischen Soldaten vergewaltigt und will sich gleich neben der Leiche ihres Mannes umbringen. Sie zerbeißt eine Kapsel Zyankali, die noch aus einer alten Expeditionsausrüstung stammt, und wartet auf den Tod. Jahrzehnte später, in ihren Memoiren *Mit Faltern begann's*, schreibt sie über diesen seltsamen Moment: »Vergeblich, mir geschah nichts. Die Kapseln waren fünfundvierzig Jahre alt und unwirksam geworden. Nun, es sollte nicht sein!« Mit der Hilfe von zweihundert Trümmerfrauen werden die Wege im Zoo wieder frei geräumt. Nachts plündern die Leute, nicht nur Holz und Metalle, auch Tiere verschwinden. Über die Art ihrer Zubereitung kann nur spekuliert werden. Bereits am 1. Juli öffnet der Zoologische Garten wieder. Die Mitarbeiter malen Schilder für die verbliebenen Tiere in ihren neu geschweißten Käfigen und Volieren. Der Tierbestand wächst plötzlich, viele Berliner liefern ihre Exoten ab, vor allem Papageien und Schlangen, sie können sie nicht mehr versorgen. Wer im Zoo hat jetzt das Sagen? Die Hecks sind auf und davon, und die verbliebenen Männer aus der Führungsspitze sind nationalsozialistisch belastet, Gestrige. Der AG-Vorsitzende Hans Ammon strebt trotzdem den Führungsposten an. Chauffeur Übrigk verprügelt und verjagt ihn und setzt sich selbst ein. Dann taucht noch ein ehemaliger Zookellner auf und wird Geschäftsführer. Das sonderbare Gespann versagt aber schnell. Nun geschieht das Unwahrscheinliche: Der Magistrat der Stadt ernennt Katharina Heinroth während einer Betriebsversammlung im August zur Direktorin. Als Geschäftsführer wird ihr der persönlich noch unbekannte Biologe Werner Schröder zur Seite gestellt. Sie ist Deutschlands erste Frau an der Spitze eines Zoos und für lange Zeit »Katharina die Einzige«. Vor allem war sie keine Hitler-Anhängerin, und sie war auch nicht dem NS-Frauenbund beigetreten, was sie mit ihrer Arbeitsbelastung begründen konnte. Dass das Ehepaar Heinroth »den Führer« nicht gerade verehrte, war im Zoo bekannt. Um die obligatorische NS-Beflaggung ihres Wohnhauses kümmerten sich wohlmeinende Mitarbeiter. Einmal musste sich Oskar Heinroth einer Befragung durch eine »Zelle«, in der NSDAP-Organisation unterhalb des Ortsgruppenleiters angesiedelt, unterziehen. Es gab Zweifel an seiner Gesinnung. Wie schnell man in ihren Kreisen denunziert werden konnte, erfuhren die Heinroths, als ihr Freund, der Berliner Zoologe Walther Arndt, von einer Jugendfreundin und einem Berliner Wanzenforscher wegen Hitler-kritischer Äußerungen angezeigt wurde. Er hatte lediglich vorhergesagt, dass Hitlers Zeit bald enden würde, was dem Volksgerichtshof für die Todesstrafe aber reichte.

1948: Der Spinat-Plan

Kurt kehrt im Juli aus englischer Kriegsgefangenschaft zurück. Er hat abgespeckt, aber er sieht im Vergleich zu den gebrochenen, zerfetzten und teilamputierten Halbinvaliden, die aus dem Osten heimkehren, gepflegt und gut genährt aus. Er kann ein paar Brocken Englisch sprechen, eine Fähigkeit, die ihm in der englischen Besatzungszone, und vierzig Jahre später bei einem Spaziergang mit Michael Jackson, zugutekommt. Er geht gleich zu Direktorin Heinroth und bittet um seine Weiterbeschäftigung. Alle Personalakten verbrannten im Krieg, aber August Liebetreu spricht sich für den jungen Hilfswärter aus. Aber ob der Zoo noch eine Zukunft haben kann, ist ungewiss, die Versorgung der Tiere gestaltet sich als schwierig, und als es zur Berlin-Blockade kommt, scheint das Ende dieser Institution bevorzustehen. Am 24. Juni reagieren die Russen auf die Einführung der Deutsch-Mark im Westsektor mit einer Blockade der Landwege – der Güterverkehr ist vollständig abgeriegelt, nichts kommt mehr rein. Schnell werden in Westberlin die Lebensmittel knapp und die Menschen hungern. Mit Spenden für die Tiere ist jetzt erst recht nicht mehr zu rechnen. Der Zoo improvisiert bei der Futtersuche: Zusammengekehrtes Straßenlaub wird eingesammelt und als Einstreu genutzt, unverwertbare Schlachtabfälle und Tierkadaver von Nutztieren verfüttert man an die Raubtiere, man sammelt Eicheln, baut Heu auf Wiesen und Feldern an, die für die Lebensmittelgewinnung ungeeignet sind, und im Grunewald kann ein Stück Wald gepachtet und gerodet werden, um Grünfutter anzubauen. Aber die Blockade nimmt kein Ende, es wird Herbst, dann droht der Winter. Nur die Luftbrücke der Alliierten kann die Bevölkerung Westberlins notdürftig am Leben erhalten, im Sekundentakt landen die »Rosinenbomber« mit Hilfslieferungen. Katharina Heinroth wird von dem britischen Kommandanten in Tiergarten, Colonel Mander, aufgefordert, die restlichen Bäume auf dem Zoogelände zu fällen. Sie kann es nicht fassen. Sie spricht kein Wort Englisch, aber sie versucht zu dem Kommandanten vorzudringen. Mander ist nicht zu sprechen. Eine pikierte Dolmetscherin des Kommandanten erklärt Heinroth, dass die Briten auf den gerodeten Freiflächen Winterspinat anbauen wollen, der wachse auch bei Kälte. Die Heinroth ist entsetzt und sie gibt sich keine Mühe, das zu verbergen. Es handele sich um alte Bäume, sagt sie, die alle Bomben überlebt haben. »Wir bauen doch schon überall Gemüse an!« Sie zählt die Gemüsesorten auf, die im Zoo wachsen, Kartoffeln, Möhren, Runkelrüben, Erbsen, Rosenkohl, die Dolmetscherin wird ganz rot, diese Szene ist so peinlich. Heinroth droht, die britische Stellung erst zu verlassen, wenn Colonel Mander sie persönlich angehört hat. Man setzt sie vor die Tür. Heinroth spricht nun beim Magistrat vor, sie schreibt Bittbriefe, sie nervt, wo sie kann. Sie ist überzeugt, dass die Fällung des letzten Baumbestandes das Ende des Zoologischen Gartens Berlin wäre. Ohne Bäume – kein Zoo. Wie lange kann die Blockade einer ganzen Stadt dauern? »Forget the matter with the trees«, sagen die Briten schließlich. Dann sprengen die Briten den schrecklichen Zoobunker »Gustav«, nachdem die Versuche im Vorjahr erfolglos waren, mit vierzig Tonnen TNT. Dabei entsteht ein Berg aus Bunkerresten und Trümmerschutt, der als Landschaft in die Zooanlage integriert werden kann. Zehn Jahre später wird man den Berg abtragen und auf der geräumten Fläche die Kamelgehege, das Vogel- und das Nashornhaus errichten.

1949: Aus klein mach groß

Nach elf Monaten ist die Blockade endlich vorbei. Das Grundgesetz tritt am 24. Mai in Kraft, es besiegelt die Gründung der Bundesrepublik Deutschland mit der Hauptstadt Bonn unter der Aufsicht der West-Alliierten. Kurz darauf folgt die Gründung der Deutschen Demokratischen Republik mit der Hauptstadt Ostberlin unter sowjetischem Protektorat. Aber was bedeutet das für den Zoo? Viele Besucher zahlen mit Ostmark, und das bringt dem Zoo neue wirtschaftliche Probleme, denn das Geld ist im West-Sektor fast »nüscht« wert. Die Heinroth lässt sich wieder etwas einfallen: Es soll ein Oktoberfest geben, mit Schaustellern aus fern und nah, Eintritt 25 Pfennig, Ostbesucher zahlen eine Ostmark. Von Feingeistern zwar geschmäht, wird das Oktoberfest noch auf Jahre zu einem beliebten und finanziell einträglichen Rummel, mit Steilwandkarussell, Mitternachtsdroschke, Sensationsartistik und einer erstmals in Berlin gastierenden Liliputanertruppe, die einen jungen Schriftsteller namens Günter Grass zu seinem Roman *Die Blechtrommel* inspiriert.

1950: Kontakt aufnehmen

In der Wiederaufbauzeit gibt es in Westberlin nur wenige Attraktionen, der Zoo ist eine davon, und vielleicht die wichtigste. Die Schimpansin Suse begeistert ihr Publikum, viele alliierte Soldaten stehen jetzt vor ihrem Gehege, und wenn Suse den Teller ableckt, brüllen die Kinder vor Vergnügen. Aber Wärter Liebetreu hat Krebs, und Kurt Walter übernimmt immer mehr seine Aufgaben im Affenpalmenhaus, das trotz der Bombenschäden und einem Teilabriss weiter genutzt wird. Als Liebetreu stirbt, entscheidet Heinroth, dass Herr Walter auf den Posten des Revierwärters nachrückt. Wirklich Ahnung von der Materie hat er, inzwischen Mitte zwanzig, nicht. Liebetreu sprach kaum über die Menschenaffenpflege. Und eine geregelte Berufsausbildung zum Tierpfleger wird es erst Anfang der Siebzigerjahre geben. »Wie mach ich bloß, dass ein Affe sich nicht so aufregt, wenn ich zu ihm reingehe?«, fragt Kurt Walter einen neidischen Kollegen, der den Job auch gerne haben wollte. Der Kollege weiß es genau: »Wenn de Kontakt mit den Tieren uffnehmen willst, klemmste dir een Knüppel untern Arm, jehst in Käfig rinn und kloppst feste druff, bis die Affen parieren.«

»Na«, sagt Kurt, »dann weeß ick ja Bescheid.«

In den Anfängen der Verhaltensforschung gab es die Auffassung, dass ein Wärter die Super-Alpha-Stellung einnehmen muss. So schrieb es auch der einflussreiche Schweizer Zoologe Heini Hediger. Die »Feste druff«-Methode entsprach aber nicht dem weichen Gemüt von Kurt Walter. Er schlug seine Affen nicht, auch nicht, als das noch allgemein Mode war. Er tat instinktiv das, was später als der Kern tierpflegerischer Ausbildung angesehen wird: für das Wohlbefinden und die Gesundheit der Tiere zu sorgen, indem man sie genau beobachtet. Da

Wildtiere von Natur aus dazu neigen, sich im Krankheitsfall gesund zu stellen, um vor möglichen Prädatoren keine Schwächen zu zeigen, kommt dem Pfleger die wichtige Aufgabe zu, verdeckte Krankheitsanzeichen im Kot, bei der Nahrungsaufnahme, an Haut und Fell zu erkennen und sie dem Tierarzt mitzuteilen.

Kurt zieht in den Zoo, zunächst bekommt er ein Zimmer in der Wohnung der Witwe Liebetreu, direkt am Affenpalmenhaus. Das sind für einen Junggesellen natürlich keine idealen Bedingungen, aber der Wohnraum ist knapp, und die Witwe hilft auch weiterhin bei der Affenpflege. Sie hat ihren eigenen Schlüssel, um zu Suse zu gehen, die sie so gerne knuddelt, besonders abends. Die Einsamkeit der Frauen ist nach dem Krieg epidemisch. Eine ganze Generation Männer ist tot oder invalide, es laufen zu wenig freie Exemplare herum, schon gar nicht auf zwei Beinen. Was hier passiert, zwischen der verhärmten Witwe und der letzten Schimpansin, ist nicht nur Trost. Die Einsamkeit verstärkt sich durch die Tatsache, dass Schimpansen hochgradig soziale Tiere sind, deren Verhalten sich am Vorbild orientiert. Wenn keine Artgenossen vorhanden sind, wie bei Suse, dann wird der Mensch zum Vorbild, und wenn ihr Mensch besonders einsam und bedürftig ist, dann ist es Suse umso mehr.

1951/52: Ein Mann für die Schimpansin, eine Frau für den Wärter

Der 9-jährige Schimpanse Jonny wird dem Zoo über die Hamburger Tierhandlung Fockelmann angeboten. Erst seit der Einführung der D-Mark verfügt Katharina Heinroth über die

Mittel, Tiere zu kaufen und in Züchtungsprogramme investieren zu können, aber Jonny hat einen schlechten Ruf. Er kam als Wildfang in Afrika in Menschenobhut, seine Mutter wurde von Tierfängern getötet, um an ihn ranzukommen. Er lebte bei einer Farmersfamilie, die schnell überfordert war. Männliche Schimpansen müssen lernen, sich durchzusetzen, das ist überlebenswichtig für sie, sie entwickeln zwischen dem zweiten und dritten Lebensjahr eine ungeheure Renitenz, sind bissig und können einem Menschen sogar die Knochen brechen. Die Haltung von Affen ist in Privathaushalten deshalb immer zum Scheitern verurteilt und die Enttäuschung der Besitzer groß, sobald aus einem süßen Schimpansenbaby, das sich dem Menschen zunächst ungeheuer anpasst, ein gefährlicher Rowdy wird. Jonny wurde an eine schwere Eisenkette gelegt und an den Zoo in Kopenhagen verkauft, wo er weiterhin Aggressionen und Bissigkeit zeigte. Aber Heinroth nimmt ihn. Jonny erreicht Berlin in einer Transportkiste, beim Verlassen hält er seine eiserne Halskette hoch, damit sie nicht am Boden schleift. Er lässt sich nicht anfassen, und die blöde Kette kann man ihm auch nicht abnehmen. Narkosegewehre oder die segensreichen Blasrohre sind in dieser Zeit noch nicht gebräuchlich, es dauert Wochen, bis Kurt Walter ihm in einem Überraschungsmoment die Kette abnehmen kann. Aber die Hauptsache ist, dass Suse und Jonny tatsächlich ein Paar werden. Jeden Tag verbringen sie mehrere Stunden zusammen, nur geschlafen wird in getrennten Kisten. Einmal, als die liebesbedürftige Frau Liebetreu wieder zu Suse will, beißt Jonny ihr in den Oberschenkel. So ein Biss tut höllisch weh, und er kann lebensgefährlich sein, aber vor allem ist Witwe Liebetreu maßlos enttäuscht, dass ihre Suse sie nicht schützte. »So ein dummes Luder«, schimpft sie.

»Es sind doch keine Menschen«, antwortet Kurt, der selten

einen Einwand macht. »Man sollte sie nicht mit menschlichen Maßstäben messen.« Die Witwe geht jetzt nur noch zu Suse, wenn Jonny nicht im Käfig ist.

Obwohl Suses Bauch sich rundet, kann eine Schwangerschaft nicht nachgewiesen werden. Erst als Suse sich bei einer öffentlichen Vorführung weigert, einen Handstand zu machen, erkennt Kurt Walter dies als Anzeichen der bevorstehenden Geburt. Sam heißt der erste in Menschenobhut geborene Schimpanse Berlins. Suse nimmt ihr Kind an, und bis zu ihrem Tod, leider schon drei Jahre später aufgrund eines Gallensteins, hat sie immer Milch für ihren närrisch geliebten Jungen. Für einen Aufsatz notiert Katharina Heinroth ihre Beobachtungen zu Sams Aufwachsen und Suses Erziehung. Sie ist tief beeindruckt von Suses klarer, förderlicher Erziehung und davon, »dass die Tätigkeiten und Spiele der Mutter genau den Fortschritten der Kindesentwicklung angepasst« sind. Trotz des guten Vorbilds von Suse und Sam wird sich der Zoo für den mühevollen Weg der Handaufzuchten entscheiden. Es ist ein Weg in die Sackgasse. Direktorin Heinroth führt selbst, gemeinsam mit ihrer alten Mutter, etliche Handaufzuchten für verschiedene Gattungen in ihrer Dienstwohnung durch.

Kurt Walter ist schon längst kein Kurtchen mehr, sondern ein Mann von 27 Jahren. Er trägt die Haare zur Tolle frisiert, aber er hat kaum Zeit, mal auszugehen, sich nach einer Frau umzusehen. Dann spricht ihn eine junge Besucherin aus der Tschechoslowakei an, die in Begleitung ihrer Mutter gekommen ist und sehr gut deutsch spricht. Sie fragt, ob er sich mit ihr auf einen Kaffee treffen wolle? Kurt merkte schnell, dass die junge Dame für Affen sehr zu haben ist. Sie heißt Kveta Nykrineva und zeigt eine nicht immer unkomplizierte Persönlichkeit.

Aber Kveta interessiert sich außerordentlich für Affen, vom ersten Moment an, die beiden sind füreinander geschaffen. Viele Tierwärter leiden darunter, dass die Ehe nicht funktioniert, weil die Partner nicht genug Verständnis aufbringen. Dieses Problem wird Kurt mit seiner Kveta nicht haben. Es wird in dieser Ehe schwere Zeiten geben, aber aus anderen Gründen. Gleich nach der Hochzeit kann Kveta zu Kurt in den Zoo ziehen – Witwe Liebetreu ist mittlerweile aus der Dienstwohnung ausgezogen – und vom ersten Tag an unterstützt sie ihren Mann bei der Pflege der Affen. Ein eigenes Gehalt bekommt sie dafür allerdings nicht.

1953/1954: Die ganze Affenbande brüllt

Als der kleine Sam eine Spritze erhalten soll, geht Suse dazwischen und bietet dem Tierarzt stattdessen ihren Rücken an. Offensichtlich möchte sie dem Söhnchen den Schmerz ersparen. Diese Szene zeigt, dass Suse in den vielen Jahren, die sie in Menschenobhut verbrachte, die Spritze zu erdulden lernte, aber ihren medizinischen Zweck nicht verstand.

Heinroth, Kurt und Kveta Walter melden stolz einen großen Erfolg: Das erste in Menschenobhut geborene Orang-Utan-Baby nach dem Krieg ist geboren. Ein Vierteljahrhundert zuvor, 1928, meldete Berlin bereits die weltweit erste Orang-Utan-Nachzucht.

Das Lied »Die Affen rasen durch den Wald« erscheint in einer evangelischen Liedersammlung. Die Autoren bleiben anonym – aber wieso nur? Schämen sie sich für das quatschige Lied? Es kann rufend, schreiend, grölend, aber bloß nicht lieblich gesungen werden. Ab sofort kommt es bei allen Klassenfahrten und Jugendfreizeiten des Landes zum Einsatz. Bald kennt es jeder.

1955: Heimkehrende und Eingesammelte

Der Bundeskanzler und »Kommunistenfresser« Konrad Adenauer fährt nach Moskau, um wieder diplomatische Beziehungen zur Sowjetunion aufzunehmen. Das sowjetische Angebot zur Wiedervereinigung deutet er als Köder, und er lässt sich auf seinem Weg der ultimativen Westbindung Westdeutschlands nicht beirren. Und doch gibt es einen Annäherungserfolg: Noch bevor er zurück in Bonn sei, versprechen ihm die Sowjets, befänden sich auch die letzten deutschen Kriegsgefangenen, die noch in Sibirien sind – knapp zehntausend –, auf dem Weg nach Hause. Das im strammen Wiederaufbau befindliche Land ist kurz erschüttert, als die ausgemergelten, geisterhaften »Spätheimkehrer« am Bahnhof des Aufnahmelagers Friedland ankommen.

Ein deutsches Forscherpaar aus einer Affenauffangstation in Borneo/Indonesien bietet Katharina Heinroth zwei Orang-Utan-Jungen mit staatlichen Papieren an, Bubi und Nakal, zwei und drei Jahre alt. Heinroth fliegt nach Borneo und bleibt vier Wochen vor Ort. Sie unternimmt Expeditionen, lernt den Dschungel kennen, den sie aber enttäuschend findet – »viel zu dunkel hier, viel zu viele Blutegel!« –, und wie nebenbei sammelt sie Kriechtiere, Vögel und niedere Affen für ihren Zoo ein. Mit all den Käfigen, die keine Haltegriffe haben und beim mehrfachen Aus- und Einladen furchtbare Umstände verursachen, begibt sie sich auf eine strapaziöse Rückreise über diverse Länder und Flughäfen dreier Kontinente. Als sie auf dem arabischen Archipel von Bahrain Zwischenstation macht und nach der Versorgung der Tiere zum Anwesen eines Beamten der britischen Krone gefahren wird, platzt sie mitten in eine Party voller Expats, die seit Jahren nicht mehr in Europa waren. Bis in den frühen Morgen erzählt sie ihnen von den Verhältnissen in Berlin. »Man nahm meinen Bericht von der geteilten Stadt ziemlich ungläubig auf. Ich merkte, wie weit vom Schuss und ahnungslos doch die Europäer dort waren.«

In Ostberlin eröffnet auf dem Gebiet des Schlossparks Friedrichsfelde der Tierpark.

1956: Ein unwürdiger Abschied

Eine Gruppe von Zooaktionären will Katharina Heinroth loswerden und diffamiert sie als »Bienenzüchterin«, sie unterstellen ihr auf der Grundlage falscher Zahlen eine zu hohe Tiersterblichkeit und sind der Meinung, »dass diese Aufgabe in die Hände eines Mannes von internationalem Ruf gehört«. Die Zoo-AG plant große Bauvorhaben, u.a. ein neues Affen-, Flusspferd- und Raubtierhaus, da wünscht sich so mancher einen schneidigen Bauherrn an der Spitze. Ein Herr Otto Radke, Westberliner Kaufmann und Sprecher der Aktionäre, liebäugelt mit der Rückkehr von Lutz Heck, notfalls nehme man ihn auch als Co-Direktor, heißt es. Doch eine Rückkehr des Göring-Intimus Heck in die Viersektorenstadt ist nichts als der böse Traum unverbesserlicher Kumpanei. Heinroths Direktorenschaft endet zum Jahresende. Sie ist furchtbar enttäuscht, auch Kurt und viele Mitarbeiter hätten sie gerne länger im Amt gesehen. Aber sie konnte sich bei der Finanzierung weiteren Personals nicht mehr beim Aufsichtsrat durchsetzen, ihr Wunsch nach einem Assistenten wurde ihr als Schwäche ausgelegt – dann solle sie doch »die Managerkrankheit« kriegen, sagt man ihr kaltschnäuzig, die bekämen schließlich auch die Herren im Aufsichtsrat. Ihrem Amtsnachfolger Klös, sicher kein »Mann von internationalem Ruf«, aber immerhin von Osnabrück her kommend, legt man solche Steine nicht mehr in den Weg: Kurz nach seinem Amtsantritt erhält er zwei Assistenten. Als weibliche Führungskraft war Heinroth im Klima des biederen Nachkriegskonservatismus eine Exotin. Selbst der Nobelpreisträger Konrad Lorenz, der ein Schüler ihres Mannes Oskar Heinroth war, muss schwer mit Worten und Widersprüchen kämpfen, als er sie beschreiben will: »Katharina Heinroth ist ein streng wissenschaftlicher Geist und dabei doch ganz Frau.«

1957-59: Das neue Menschenaffenhaus

Im neuen »Menschenaffenhaus« mit seiner Schauküche mutiert Kurt Walter zum Berliner Original »Affen-Walter«, der pfeifend und bestens gelaunt Einblicke in seine Arbeit gibt, Obst schnippelt, Affenbabys präsentiert und zusammen mit seiner Frau Kveta Walter – die man allgemein »Mary« nennt – einen Affenkindergarten unterhält. Das alte Affenpalmenhaus wird während mehrerer Bauabschnitte Stück für Stück abgerissen. Die Eisengitter der Käfige ersetzt man durch Glasscheiben, was der Affengesundheit zugutekommt, denn Scheiben verhindern die Virenübertragung vom Publikum auf die Affen. Nur leider sind den Affen die Klettermöglichkeiten am Gitter genommen. Die Luftbefeuchtung wird verbessert, und man verbindet die Innen- mit den Außenkäfigen. Nicht alle mögen die Badezimmer-Ästhetik, die sich durch die gekachelten Flächen einstellt, aber die Reinigung ist einfacher. Die Geldmittel für das neue Affenhaus kommen auch aus dem Erlös der »Heck-Briefmarke«, einer Sondermarke der Deutschen Post mit dem Konterfei des langjährigen Direktors und selbsternannten »Ur-Nazis« Ludwig Heck. Sie erscheint 1957 in der Serie »Berühmte Männer« in einer Auflage von 2 Millionen Stück, 10 Pfennige pro Marke gehen an den Zoo. Die Eröffnung des neuen Affenhauses gilt als Beginn des normalen Betriebs, aber was heißt schon »normal«?

1960: Werbefiguren

Affen-Walter hat mit Jenny und Eva, zwei Orang-Utan-Damen, einen wichtigen Außentermin: Sie werden auf einem offenen Pritschenwagen bis zur Ecke Wilmersdorfer-/Kantstraße gefahren, da propagieren sie die neue Zoolotterie. Die Passanten treten ganz dicht an den Wagen und betrachten die Tiere mit dem durchscheinenden rotbraunen Fell, können nicht genug kriegen davon. Es ist kalt heute, die Leute haben ihre dicken Mäntel an und Hüte, einige Damen tragen Schmetterlingsbrillen, die Männer sind allesamt glattrasiert. Die Straße verstopft zunehmend, immer mehr kommen und gucken, ein Massenauflauf ist entstanden. Jenny klammert sich an ihren Wärter, der heute seinen feinen Anzug trägt, und knabbert an einer Handvoll Lose, aber Eva hält den Bauchladen, als hätte sie nie etwas anderes getan. Die Lose kosten eine Mark das Stück, man kann Personenwaagen, Nähmaschinen, Radios gewinnen; Segnungen der Technik, und wer sehnte sich nicht nach Komfort und Unterhaltung. Die Affendamen agieren als Glücksfeen, denn der Mensch lässt gerne Tiere orakeln und Lose ziehen. An diesem Berliner Novembertag aber überbringt der Affe auch die Botschaft der domestizierten Technik. Denn der technisierte Alltag hält in Deutschland Einzug, was Schuldgefühle und Bedenken in der Bevölkerung auslöst. Der Krieg war auch ein Inferno der technisierten Zerstörung, und auch der Verhaltensforscher und »Gänsevater« Konrad Lorenz befeuert in diesen Tagen derartige Vorbehalte: Der Mensch, sagt er, verliere in der technisierten Welt die natürliche Tötungshemmung und werde durch Apparate zum reuelosen Massenmörder. Wer Radiogerät sagt, sagt auch Atombombe. Wer aber von den Affendamen Jenny und Eva ein Los kauft, sagt Musiktruhe und Waschmaschine, und das ist spitze.

Die Walters bleiben kinderlos und widmen sich ganz der Handaufzucht. Ein Zimmer in der Dienstwohnung wird zum Affenkinderzimmer, wo ein Affenbabybett neben dem anderen steht, dazwischen sind kleine Käfige, wo man die Äffchen unterbringt, sonst würden sie die ganz Wohnung verwüsten. Sind die Kleinen krank oder zahnen sie, was zu Schmerzen und Wehleidigkeit führt, nimmt Mary sie mit ins Ehebett. Sie spaziert mit den Kleinen durch den Zoo, sie spielt mit ihnen auf den Wiesen und zeigt sich dem Publikum. Mary Walter ist in dieser Aufzucht die entscheidende Person, denn Kurt kann die vielen Affenbabys neben seiner täglichen Arbeit nicht versorgen.

Kurt tippt einen langen Bericht über die ungewöhnliche Ankunft eines Gorillababys, das zunächst »Gorilla 2« und später Tono heißen wird. Über sich selbst schreibt er in der dritten Person.

27.10.1960

Heute morgen 6.20 Uhr sind Herr Dr. Klös, Herr Dr. Gewalt, Herr Dr. Rohr und Herr Walter zu einem kleinen Trip nach Hamburg gestartet, um einen kleinen Gorilla von angeblich 12 Pfund zu besichtigen und eventuell mitzunehmen. Dort angekommen, fuhren wir sofort zum Freihafen, wo uns der Besitzer, ein Stewart namens Horst Jaeck aus Neumünster, auf dem Schiff erwartete. Zu unserem Erstaunen hatte er nicht nur einen, sondern zwei Gorillas anzubieten, die in ihrer Größe ohne weiteres einem Säugling entsprachen. Nach schwierigen Verhandlungen waren wir uns so weit einig, dass sich Herr Dr. Gewalt und Herr Walter bereit erklärten, je eines der Tiere in Pflege zu nehmen. Die Tiere waren in der Kajüte von Herrn Jaeck in einer Kiste mit Bodenrost untergebracht. Wie uns Herr Jaeck berichtete, bekam jedes Tier pro Tag drei Bananen, mittags eine halbe dicke Scheibe Weißbrot und abends eine halbe Apfelsine. Schlafdecken, die man ihnen anfangs mit in die Kiste gab, hat man später weggelassen, da die beiden die Wollfäden herauszogen und verspeisten, was natürlich zu Verstopfungen führte und durch Eingebung von Rhizinusöl beseitigt werden konnte. Nachdem sämtliche Papiere zur Beförderung der Tiere besorgt waren, ging die Reise zurück nach Berlin. Nachts um 2.30 Uhr kamen wir wohlbehalten mit unserer kostbaren Fracht im Zoologischen Garten an. Die beiden wurden für den Rest der Nacht bei Herrn Walter untergebracht, wo sie noch einige Löffel schwarzen Tee, leicht gesüßt, zu sich nahmen.

28.10.1960

Am heutigen Vormittag hat Herr Dr. Gewalt die größeren der beiden Gorillas zu sich in die Wohnung genommen, während der Kleinere sein Domizil bei Herrn Walter aufschlug. Der weitere Bericht befasst sich ausschließlich mit dem kleineren

Tier, von dem wir vermuten, dass es ein Männchen ist. Da der Kleine noch keinen Namen hat, führen wir ihn zunächst unter der Bezeichnung »Gorilla 2«.

Temperatur: morgens 37,1, abends 37,5 Grad

Gewicht: 4875 Gramm

Nahrungsaufnahme: Gesamtmenge: 2 ½ Bananen, 1 ¾ Apfelsinen und 2 Scheiben Mjölkbröd. Ein Fläschchen Humana-Milch, nach Vorschrift zubereitet, lehnt er strikt ab, den Sauger der Flasche mit Gewalt reingesteckt, nimmt er auch einige Schlucke, die er auch runterschluckt. Trotzdem wehrt er sich mit Händen und Füßen und versucht zu beißen.

1961: Badespaß

Das Jahr beginnt mit einem Affen im Weltall. Die USA schießen den Schimpansen Ham ins Weltall. Er überlebt den Aufstieg in über 250 Kilometer Höhe, starken körperlichen Druck, Schwerelosigkeit, technische Probleme und den Sturz in den Atlantik. Als Belohnung erhält er einen Apfel und eine Orange. Mitten im Wirtschaftswunder erlebt Berlin den größten Schock: Am 13. August wird der sowjetische Sektor durch eine Mauer isoliert. West- und Ostberlin sind voneinander abgeschnitten. Westberlin ist nun die Insel, die in einem großen Teich aus sowjetisch-imperialer Bedrohung, deutsch-deutscher Entfremdung und ideologischer Verhärtung ins Ungewisse treibt.

Mary geht in der Handaufzucht vollkommen auf. Alle Neugeborenen bekommen weiße Leibchen um die zierlichen, behaarten Körper. Alle haben diesen ansaugenden Blick. Sie ist sehr glücklich, es wird viel gelacht und gekuschelt und ständig sitzen Affen in der Badewanne oder auf dem Sofa ihrer Wohnung. Die Gefahr, sich in Affen zu verlieben, wird später zu einem wichtigen Thema der Handaufzucht. Man möchte diese affigen kleinen Wesen drücken und herzen und nie wieder loslassen.

1963: Latzhosen und Rosenkohl

Mary zieht das Schimpansenbaby Musawa mit der Flasche auf, Musawa bekommt Windeln und ein Latzhöschen angezogen. Mary pflegt auch den Nachwuchs von Geschwänzten Altweltaffen, also Meerkatzen, Makaken, Gibbons, bei denen sie das Latzhöschen hinten schlitzt, damit der Schwanz durchpasst. Die vielen Affengeburten machen sich gut in den Tageszeitungen und bringen dem Zoo viele Besucher. Die kostenlose Arbeitskraft von Mary Walter und ihr Idealismus sind für den Zoo ein Glücksfall. Doch wieso favorisieren deutsche Zoodirektoren der Nachkriegszeit, die ja auch eine wissenschaftliche Perspektive entwickeln müssen, die Handaufzucht der ersten nach dem Krieg geborenen Menschenaffen? Man will sie zähmen. Auch Katharina Heinroth betont diesen Vorteil der Handaufzucht: »Handaufgezogene Tiere sind zutraulich und zahm, lassen sich gern vom Menschen betreuen und schließen sich ihm vertrauensvoll an; vor den Besuchern sind sie nicht ängstlich und fühlen sich durch sie nicht gestört.« Doch dieses Argument stellt sich später als ungenügend heraus. Man wird erkennen, dass Affen, die sich an Menschen binden, in ihrer Affenhorde nur schwer zurechtkommen, dass sie verhaltensauffällig und in der Pflege kostenintensiver sind als Affen, die distanziert vom Menschen leben. Ein weiterer Grund für diese Handaufzuchten ist, dass die Affenmütter schneller trächtig werden. So wächst der Affenbestand rasend an und der

Zoo vermeldet eine Sensationsgeburt nach der anderen. Heute lässt man die im Zoo geborenen Affenbabys bei ihren Müttern und geht das Risiko ein, dass sie sterben. Man weiß, dass Affenmütter das Stillen lernen können, man zeigt es ihnen und sie ahmen es nach. Oder man narkotisiert sie und legt das Baby an, bis die Milch einschießt, auch diese derbe Methode kann zum Erfolg führen. Das wissen die Walters in den aufregenden Jahren der Handaufzuchten nicht, vielleicht wollen sie es auch nicht wissen in ihrer Affenliebe. Sie gehen den arbeitsreichen Weg der Windeln, Latzhöschen und Babywagen.

Der amerikanische Präsident John F. Kennedy ist in Westberlin und spricht die berühmten Worte: »Ich bin ein Berliner.«

Der Regierende Bürgermeister Willy Brandt reist mit Frau und Kindern nach Afrika und kommt mit einem Geschwänzten Äffchen in der Reisetasche zurück. Die Meerkatze stammt aus Nigeria und heißt Pixie. Pixie wird vom Flieger gleich mit ins Reihenhaus der Brandts am Schlachtensee genommen. Pixie isst gerne gekochten Rosenkohl, friert, schlottert und erleichtert sich in den Radiator hinein, der vor der Panoramaglasscheibe steht, so dass das ganze Haus stinkt. Als Pixie den Pudel tyrannisiert, steckt man sie in einen Käfig, eine Art Schrankwand mit Scheibe davor, und stellt ihn in Willy Brandts kleines Arbeitszimmer im ersten Stock. Pixie schreit ohne Unterlass, das hält Willy Brandt nicht lange aus, so kommt sie schließlich zu Kurt ins Affenhaus.

1964: Zum Käffchen mit den Äffchen

Prominente entdecken das Menschenaffenhaus und bringen Pressefotografen mit. Eine der ersten ist Trude Herr, bekannt für ihre runde Figur und den Schlager »Ich will keine Schokolade, ich will lieber einen Mann«. Beim gemeinsamen Kaffeetrinken mit den Walters und ihren Affenkindern entstehen Fotos, die von den Berlinern in den Tageszeitungen bestaunt werden. Die Walter'sche Kaffeetafel strahlt eine Häuslichkeit und adrette Biederkeit aus, die durch die Affen genial durchkreuzt wird: Solch affigen Deutschen kann man doch trauen. Noch jemand Brühkaffee?

1966: In der Zeitung sein

Ein Foto aus der eBay Kleinanzeige zeigt Mary mit einem Affenbaby, umgeben von vielen leeren Kinderwagen. Auf der Rückseite des Fotos steht folgender Text:

Kinderwageninvasion im Zoo
Durch den Aufruf des Berliner Zoo, einen Kinderwagen für das Orang Utan Baby ANAK zu stiften, kam es heute zu einem Massenangebot an Kinderwagen. Über 50 Berliner meldeten sich bis heute Mittag telefonisch und boten ihren Kinderwagen an. Vier »Fahrzeuge« wurden direkt abgegeben. Das KaDeWe will einen nagelneuen Wagen schenken. Die Familie W a l t e r mit dem Schimpansenmädchen Musawa, das den letzten Kinderwagen zum Zusammenbruch brachte, begutachteten die neuen Wagen.
berlin-bild Aktueller Bilderdienst 12 – 05 – 66

Direktor Klös ärgert sich wahnsinnig, dass Mary Walter mit der Boulevardzeitung diese Idee ausheckte. »Ohne Absprache! Eigenmächtig!« Sie nehme sich zu viel heraus. Die Affenliebe der Walters habe sich verselbständigt, schimpft er, aber mehr folgt dem Gerumpel nicht, die kostenfreie Arbeitskraft der Ehefrau ist einfach Gold wert.

Endlich besucht wieder ein Bundespräsident den Zoo, Heinrich Lübke und seine Frau sprechen »der geleisteten Wiederaufbauarbeit Anerkennung« aus.

Willy Brandt legt sein Amt als Regierender Bürgermeister nieder und wird Kanzlerkandidat der SPD. Die Rockband The Troggs gibt auf Einladung der sozialistischen Jugendorganisation »Die Falken« ein umjubeltes Konzert in der Berliner Deutschlandhalle, ihr größter Hit heißt »Wild Thing« *(you make my heart sing)*. Am Tag danach besucht die Band Kurt Walter und die Affen.

1967: Stinkende Affen gehen in Ordnung, langhaarige Affen nicht

Affen-Walter hat jetzt 25 Jahre Betriebszugehörigkeit auf dem Buckel. Der Zoo würdigt das Dienstjubiläum mit einer Presseerklärung, in der auch Marys Anteil an der Aufzucht genannt wird: »Man muss einfach erlebt haben, wie sieben, acht oder noch mehr Pavian-, Meerkatzen- und Kapuzinerbabys in Kisten und Käfigen in der Küche untergebracht wurden, wie Frau Walter mit einem schreienden Schimpansenkind auf dem Arm am Herd stand und für die vielen hungrigen Mägen Süppchen kochte, und wie die beiden Eheleute abends die liebebedürftigen, kleinen Menschenaffen mit ans Bett und manchmal sogar mit ins Bett nahmen und allzu oft ihre Nachtruhe opferten.« Wir sind alle nicht in dieser Wohnung gewesen, aber man hätte gerne gewusst, wie es dort roch. Einer, der dort war, sagt unumwunden: »Es hat ordentlich gestunken! Was denken

Sie denn?« Aber das ist nicht des Pudels Kern. Der Westberliner Zoo wird in der isolierten Stadt zu einem Ersatz für die ersehnte weite Welt. Und das Berliner Affenwärter-Paar leistet etwas, was man sonst aus den Natur- und Tierreportagen von Bernhard Grzimek oder Walt Disney kennt: Sie bringen die Leute mit der Exotik und dem Abenteuer in Berührung, als lebte man nicht in einem kleinen märkischen Stromtal zwischen Havel und Spree, voller Mauersteine und politischer Düsternis, sondern in der großen weiten Welt der Abenteuer. Der Gestank geht schon in Ordnung.

Immer unbeliebter bei den Zeitungen, die die Walters so gerne hofieren, werden die »langhaarigen Affen« (so die Springer-Presse). Die Studentenunruhen machen viele Berliner nervös. Undankbar, denken sie, seien die jungen Leute, gegenüber den amerikanischen Befreiern, gegenüber dem kleinen Frieden und Wohlstand, in dem man sich mitten im Kalten Krieg eingerichtet hat. Als der Schah von Persien am 2. Juni Westberlin besucht und sich mit seiner Frau in der Deutschen Oper eine Aufführung der »Zauberflöte« anschaut, nehmen viele Studenten an der Anti-Schah-Demo teil. Sie geht über den Ku'damm, an der zerstörten Gedächtniskirche vorbei, und wird von vollkommen unangemessener Gewalt von Seiten der Polizei und etlicher »Jubel-Perser« (persische Agenten mit Schlagstöcken) begleitet. Die Nacht endet mit einem Schock, der die ganze Republik verändern wird: Der Lehramtsstudent Benno Ohnesorg wird am Rande der Demonstration, nachdem er sich fluchtartig vom Ort der Gewaltausbrüche entfernt hat, von einem Polizisten in einen Hinterhof verfolgt und aus nächster Nähe kaltblütig erschossen. Die Bundesrepublik spaltet sich in Misstrauen, Angst und Hass, und doch, viele Menschen möchten mehr Demokratie wagen: Willy Brandt wird Bundeskanzler.

Die Deutsche Fußballnationalmannschaft – mit Trainer Helmut Schön, den Spielern Reinhard »Stan« Libuda, Sepp Maier, Franz Beckenbauer, Uwe Seeler und Gerd Müller – posiert mit der Schimpansin Cocotte für zahlreiche Fotografen, als hätten sie nie etwas anderes getan. Mary und Kurt hängen sich die Bilder ins Wohnzimmer. »Die brauchten keine Tapete«, sagt eine Kollegin. »Alles war voll mit den Fotos von Affen und Prominenten.«

1968: Die Arbeitstagebücher

Die Orangs Tuan und Nakal sterben an Leukämie, man versucht sie mit dem Blut von Artgenossen gleicher Blutgruppe zu retten, aber es nützt nichts. Nach Nakals Tod verändert sich der weiche, zarte Orang Bubi, ihm wachsen plötzlich die typischen Gesichtswulste, obwohl er längst ausgewachsen ist und sich bereits fortgepflanzt hat. Katharina Heinroth, die ganz in der Nähe des Zoos im Hansaviertel lebt und nach wie vor Beobachtungen von Tierverhalten für ihre Aufsätze und Vorträge sammelt, vermutet, dass die Dauerpräsenz des dominanteren Nakal den Hormonhaushalt von Bubi beeinflusst haben könnte, obwohl sie in getrennten Gehegen lebten. Wie sich Bubis Veränderung vollzog, könnte Kurt Walter in seinen Arbeitstagebüchern dokumentiert haben, die nach seinem Tod in den Trödel kommen und bei den Zoosammlern verschwinden. Dass die Tagebücher nicht für das Zooarchiv gesichert werden konnten, tut dem Raubtierkurator Heiner Klös im Nachhinein leid, fast peinlich scheint es ihm zu sein. Aber als er den aufgelösten Haushalt seines von Kindheit an als »Onkel Walter« bekannten Kollegen sichtete, war ihm die Existenz etwaiger Arbeitstagebücher nicht bewusst. »Es hätte sie offiziell nicht geben dürfen, deshalb konnte ich sie auch nicht suchen.« Warum aber übergab Kurt Walter die Tagebücher nach dem Ausscheiden aus dem Berufsleben im Jahr 1990 nicht dem Zoologischen Garten? »Herr Walter träumte immer davon, eines Tages ein Buch über seine Arbeit zu schreiben«, sagt der ehemalige Zootierarzt Dr. Jarofke. Doch Affen-Walter schreibt kein Buch, als Ruheständler schafft er es gerade mal, zwei kurze, mit Anekdoten gespickte Aufsätze über die Schimpansen Jonny und Pedro für die Fachzeitschriften »Bongo« und »Arbeitsplatz Zoo« zu verfassen. Er sammelt zwar jedes Buch über Affen und geht zu Vorträgen von Katharina Heinroth oder der Schimpansenforscherin Jane Goodall, aber nach einem langen Arbeitstag entspannt er sich in der Badewanne, legt die Füße hoch, liest ein Buch oder schaut fern. Immer auf Abruf, weil er im Affenhaus vielleicht noch gebraucht wird. Er entwickelt sich in den Jahren der Arbeit nicht zu einem Autor, wenn er auch davon träumen mag und der Gedanke überhaupt nicht abwegig ist. Aber das klappt nicht. Er sammelt nur alles, was mit Affen zu tun hat, Kitsch und Kunst, Plüschtiere, Bücher, Skulpturen, Zeichnungen, Fotografien. Am Ende seines Lebens verschwindet auch das in der Haushaltsauflösung.

1969: Das rote Gästebuch

Mary und Kurt Walter dämmert, dass sich die Anschaffung eines eigenen Gästebuchs lohnen könnte. Direktor Klös führt zwar schon so ein hochoffizielles Gästebuch, aber der Empfang im Menschenaffenhaus ist ja doch etwas anderes. Manche prominenten Gäste kommen mit ihren Fotografen ausschließlich zu den Affen, wenn sie knapp sind mit ihrer Zeit. Auf dem Ku'damm kaufen die Walters ein Exemplar mit rotem Textileinband, das Wort »Gästebuch« steht in goldenen Lettern darauf. Den ersten Eintrag nimmt die junge, keck und kurzhaarig frisierte Schauspielerin Uschi Glas am 21. Februar 1969 vor. Mit den Filmen *Zur Sache, Schätzchen* und *Die Lümmel von der ersten Bank* wurde sie erst kurz zuvor bekannt. Sie legt ihre Autogrammkarte dazu und schreibt mit geschwungener Schrift: »Für mich war es ein richtiges Erlebnis, hoffentlich kann ich bald wieder kommen. Alles Liebe für Sie Ihre Uschi Glas.« Mary schneidet kleine rote Herzchen aus Pappe aus und klebt sie um die Autogrammkarte herum. Uschi Glas und die Walters entwickeln einen besonderen Draht zueinander, dreimal noch wird Uschi Glas mit ihren aktuellen Autogrammkarten der Jahre 1971, 1975 und 1980 bei ihnen vorbeikommen und jedes Mal werden diese von Herzchen und Bussis umflankt.

Das Gästebuch wird bis zu Kurts Tod voll, bis zum letzten Blatt. Viele Namen kennt man noch: Inge Meysel, Harald Juhnke, Dieter Hallervorden, Armin Müller-Stahl, Ursula Monn. Aber wer weiß noch, wer Hilda Heinemann war, die Gattin Gustav Heinemanns? Klaus Schütz, der von 1967 bis 1977 Regierender Bürgermeister war und für Willy Brandt das Wort »Kanzlerkandidat« erfunden haben soll – statt »Spitzenkandidat«. Fast niemand kennt noch Reinhard Kolldehoff, Heinz Oskar Wuttig, Horst Neumann, Günther Schramm, Joachim Röcker, Willy Schneider, Agnes Windeck, Eugen Schuhmacher, Horst Schallon, Jürgen Fendt, Harry Ristock und Denise Biellmann. Sie eint, vom Darsteller bis zur Schweizer Eisprinzessin, dass sie sich im Laufe ihrer Karriere im Menschenaffenhaus einfinden und ins Gästebuch schreiben.

Lutz Heck junior, Zoologe in dritter Generation und amtierender Direktor des Tierparks Hellabrunn in München, besucht mit seiner Frau den Zoologischen Garten und kommt auch zu Kurt Walter. Es ist ein sentimentales Wiedersehen: Heck junior wurde hier geboren, er und Kurt Walter sind gleich alt, früher duzten sie sich, aber jetzt vermeiden sie das. Hecks Eintrag in zittrigen Blockbuchstaben ist die Gefühlsregung deutlich anzusehen: »Es war für mich ein Wiedersehen mit meinem Freund Kurt Walter, mit dem mich so viel von früher her verbindet. Die fachlichen Gespräche über Orang-Aufzucht waren äußerst ergiebig. Die Leistungen der Familie Walter auf diesem Gebiet sind gar nicht abzuschätzen. Lutz Heck, Tierpark Hellabrunn, München«.

1970: Der Herr Fotograf hält einen Schimpansen im Bett

Horst Binder, Fotograf und Inhaber eines Fotogeschäftes am Kurfürstendamm, ist sehr an der privaten Affenhaltung interessiert. Er freundet sich mit Kurt Walter an, fragt ihn aus, schmeichelt ihm, fotografiert seine Tiere und schenkt ihm schöne, große Handabzüge. Aber dieser Binder ist kein selbstloser Tierfreund, er wird in den nächsten Jahren insgesamt drei Schimpansen-Kinder in seiner Charlottenburger Wohnung halten und mit ihnen auch das Bett teilen. Aber sobald der Schimpanse im Alter von zwei bis drei Jahren renitent wird, und die Vorfälle sich häufen, rückt die Polizei an, um das Tier zu beschlagnahmen. Die Einsätze erfolgen nachts oder am frühen Morgen, der Zootierarzt Dr. Jarofke erhält von der Polizei einen Anruf, er möge sich an Binders Adresse einfinden. Binder, halbnackt, steht schimpfend und zeternd im Wohnungsflur, droht mit seinem Anwalt, während der Affe, nachdem er die Wohnung halbwegs zerlegt hat, sich über das Treppenhaus langsam in Richtung Ausgang bewegt. Dies ist der Moment für den Tierarzt, das Blasrohr einzusetzen. Einmal schafft es der Affe hinaus und noch bis zum nächsten Spielplatz, bevor er bewusstlos umkippt. Einen der beschlagnahmten Schimpansen bringt die Polizei ins Tierheim, wo man ihn einschläfert. Horst Binder verklagt die Behörden und bekommt Schadensersatz zugesprochen. Für Horst Binder sind die Schimpansen eine wertvolle Investition. Regelmäßig reist er mit seinen Schimpansen nach Mallorca, wo sich deutsche Touristen mit seinem Affen fotografieren lassen. Das ist ein absolutes Sensationsgeschäft, die Touristen sind ganz wild darauf. Deshalb besorgt sich Binder nach jeder Beschlagnahmung sofort wieder einen neuen Schimpansen, kauft sie in Spanien. Sein Geschäftsmodell hält sich bis in die achtziger Jahre. Binders letzter Schimpanse ist Pedro, die polizeiliche Beschlagnahmung erfolgt erst 1984, und bis heute lebt er im Zoologischen Garten. Horst Binder und Kurt Walter bleiben ihr Leben lang befreundet.

Aff, Aape, Aappatt, Munik. Auch das Volkstümliche will jetzt Affenexotik; Kurt Walter erlebt ein unaufhörliches Stelldichein deutscher Volksschauspieler aus verschiedensten Regionen. Ob es der Kölner Bühnenstar Willy Millowitsch ist, Heidi Kabel aus dem Hamburger Ohnsorg-Theater oder der singende Russe aus Spandau, Ivan Rebroff alias Hans Rippert, alle kriegen vom Affen-Walter eine persönliche Führung und ein Affenkind auf den Arm. Der junge Schlagerstar Jürgen Marcus hat Wuschellocken und kommt mit einem roten Wollpulli an, und wenn er dann noch einen Orang-Utan im Arm hält, sieht das besonders fetzig aus! Es gibt eine Nähe, eine Kollegialität, zwischen Affe und Star, die viele Prominente anspricht: Affen bannen die Aufmerksamkeit, sie sind immer aktiv, überraschend, amüsant, Künstler des Slapstick. Affen in Kleidung sind es ganz besonders, geborene Showstars, und die Promis spüren das.

Willy Brandt reist als erster deutscher Regierungschef nach dem Zweiten Weltkrieg nach Polen. Ohne es geplant zu haben, kniet er vor dem Ehrenmal der Helden des Warschauer Ghettos nieder. Es ist eine Anerkennung des Leids, eine Verbundenheit in der Trauer um die Opfer der deutschen Besatzung und des Vernichtungskriegs, aber auch eine Demutsgeste, eine Bitte um Vergebung im Namen aller Deutschen, und sie kommt von einem, der nicht Hitlers Freund, sondern ein Verfolgter des Regimes war. Viele Bundesbürger lehnen seine Demutsgeste ab, einige reagieren sogar mit öffentlichem Abscheu. Doch der Kniefall wird zum Symbol einer neuen deutschen Ostpolitik. Es keimt, zwischen Atomwaffen, Kalten Kriegern und blankem Hass, eine erste Hoffnung auf Verständigung.

1971: Ein fremder Wind weht übers Meer

Es ist der 4. Juni, die Schlagersängerin Mireille Mathieu, »Der Spatz von Avignon«, ist für eine Plattenaufnahme der Ariola in Berlin. Ihr deutscher Produzent Christian Bruhn hat ein neues Lied für sie: »Akropolis Adieu«. Das Lied ist nicht unkompliziert und wird musikalisch in der Weise eines griechischen Volkstanzes begleitet. Der Text erfordert eine sehr genaue Artikulation: »Es war September in Athen / Der letzte Abend war so leer / Sie fragte ihn: ›Wann kommst Du wieder?‹ / Da sagte er: ›Vielleicht nie mehr.‹« Die Berliner Sängerin Katja Ebstein ist im Studio, sie singt Mireille den deutschen Text mit den richtigen Betonungen vor, Mireille muss dann nur noch nachsingen. Aber die Magie stellt sich nicht ein, aus griechischem Sehnen, Summen und Schunkeln wird Frust, spätestens bei der dritten Strophe bricht Mireille wieder ab. »Ein fremder Wind weht über's Meer und morgen sind wir schon allein / Komm laß' uns tanzen, vergiß' die Sorgen / es wird vielleicht nie mehr so sein.« Der Gedanke, dass Mireille am nächsten Tag wieder abreist, steigert die Nervosität. Bruhn ordert ein griechisches Buffet, aber Mireille mag weder Knoblauchquark noch geharzten Wein, alles muss schnell wieder raus. Stumm und erschöpft sitzt die zarte Mireille, 25 Jahre alt und nur 1,53 Meter groß, in der Ecke und versteckt sich, obwohl Juni, in ihrem Pelzmantel, den sie erst kürzlich von ihrer vierwöchigen UdSSR-Tournee mitbrachte (ein Geschenk von Leonid Breschnew). Das Kind braucht mehr als nur Pause und Zaziki, denkt sich Katja Ebstein, und sie hat eine Idee: »Die braucht den Kopp frei, die soll sich die Affen angucken, beim Affen-Walter.« Man übersetzt Mireille den Vorschlag und Madame ist begeistert, das Management ruft Zoodirektor Klös an, wenige Minuten später ist alles arrangiert. Der Fahrdienst der Ariola bringt Mireille Mathieu in der Limousine direkt vor das Menschenaffenhaus. Kurt und Mary stehen schon bereit, etwas schäbig sind sie anzusehen, denn fürs Feinmachen blieb keine Zeit. Noch sind sie damit beschäftigt, einen Teil des Affenhauses für das Publikum zu sperren, eine Gruppe Schulkinder wird schnell rausgefegt, dann führt der Affen-Walter Mireille zu einer Gruppe junger Orang-Utans. Sie bekommt einen Orang auf den Arm gesetzt. Mireille streichelt das Fell und füttert ihn mit Obststücken, die Kurt ihr reicht, da fließen plötzlich Tränen und es bricht aus ihr heraus, aber Französisch versteht ja keiner: »Ich bin die Tochter armer Eltern, die vierzehn Kinder geboren haben, ich wurde viel zu früh von der Schule genommen und zum Arbeiten in die Konservenfabrik geschickt. Dann gewann ich einen Gesangswettbewerb nach dem anderen. Mein Leben lang musste ich immer nur arbeiten, erst Konserven, dann Platten, niemals war ich nur ein Kind, das mit seinen Eltern den Zoo besuchen darf. Danke, meine kleinen Freunde, dass ich bei euch sein durfte.« Kurt reicht ihr ein Taschentuch, Mary einen Filzstift. Mireille Mathieus Widmung im Gästebuch ist schwungvoll und nimmt viel Platz ein, ist aber nicht zu entziffern.

Das Jugendbuch *Als Hitler das rosa Kaninchen stahl* erscheint und wirft ein anderes Licht auf die Vergangenheit des Zoologischen Gartens: Die Autorin Judith Kerr ist die Tochter von Alfred Kerr, der ein einflussreicher Berliner Theaterkritiker der Weimarer Republik und auch wortmächtiger Gegner Adolf Hitlers war. Die Kerrs mussten 1933 aus Berlin flüchten, dem Vater drohte die Verhaftung. Judith Kerrs Roman erzählt von dem Leben der vierköpfigen Familie in der Emigration, bis sie in England eine neue Heimat finden. In einer Nebenhandlung erzählt sie von der Entrechtung eines jüdischen Zoobesuchers, Onkel Julius, der den Zoo liebt, und besonders die Affen. Er genießt freien Eintritt – was ein Privileg der Berliner Zooaktionäre war, die Genussaktien ohne Ausschüttung besaßen. Onkel Julius emigriert nicht. Man nimmt ihm die Arbeit, die Wohnung und auch den Zoo, der Zoologische Garten erteilt ihm schriftlich ein Besuchsverbot. Daraufhin begeht er Selbstmord. Diesen Onkel Julius gab es wirklich, er hieß Max Meyerfeld und war der erste deutsche Oscar-Wilde-Übersetzer. Er schrieb eine letzte Karte an die junge Judith Kerr: »Je mehr ich von den Menschen weiß, desto mehr liebe ich Tiere.« Obwohl Judith Kerrs Roman ein Bestseller ist, sogar verfilmt und bis heute in deutschen Schulen gelesen wird, bleibt die Rolle des Berliner Zoos bei der Entrechtung seiner jüdischen Aktionäre noch auf Jahrzehnte im Dunkeln.

Kurt und Mary sind furchtbar aufgeregt! Sie erwarten göttergleichen Besuch, der Tierfilmer Heinz Sielmann kommt. Sielmann gehört im Vergleich mit der üblichen Besucherriege in eine höhere Sphäre, als einer der Ersten drehte er in Belgisch-Kongo einen Film über Berggorillas und seit Mitte der 1960er Jahre hat er eine eigene Fernsehsendung, *Expeditionen ins Tierreich* in der ARD, 45 Minuten zur besten Sendezeit. In Affen-Walters Gästebuch klebt ein Foto von ihm, das ihn in einer typischen, aber auch fatalen Pose zeigt: Er hält ein Orang-Utan-Baby im Arm und drückt es an die Wange, dazu der treuherzige Blick in die Kamera. Diese für Sielmann so typische Pose – Wange an Wildtier, Wildtier an Wange – wird durch Presse und Fernsehen massenhaft verbreitet. Ob mit Löwenbaby, Schildkröte oder Affe, trägt diese Pose nicht nur zur Popularisierung von Sielmann bei, sie ist auch mitverantwortlich für die grassierende Exotenmode der 1970er Jahre – und deren Folgen: Leopardenmäntel, Elefantenfüße, Gorillahände und afrikanisches Elfenbein werden zu irrsinnig beliebten Luxus- und Handelsgütern, und auch die Haltung von Affen in Privathaushalten ist plötzlich schick. Es gibt noch kein Gesetz, das die Einfuhr von lebenden oder toten Wildtieren verbot. Sielmann verstärkt den Exotentrend.

1972: Champagner für die Orangs

Kurt Walter hat ein weiteres Arbeitsfeld hinzugewonnen: Promipartys. Die Menschenaffen entwickeln sich zu Westberliner Party-Attraktionen. Zoo-Sponsoren, Zoo-Anwälte, Zoo-Verleger und Lokalpolitiker laden die Affen zu ihren Sektempfängen, Jubiläen und Geburtstagsfeiern ein. Meist chauffiert Dr. Jarofke Affen-Walter mit ein oder zwei seiner Zöglinge zu den wichtigsten Empfängen und Gartenpartys. Die Orangs lieben es, Champagner zu saufen, das sorgt für ein fröhliches

Geschrei, vor allem wenn die Tiere den Gästen die Gläser entreißen. Tolle Fotos entstehen, auf denen die Menschen ganz verändert aussehen, als gehörten sie zur internationalen Welt des Jetsets.

»Leben ist ein Sauerkraut / Bei Kurt und Mary wird es immer gut verdaut«, schreibt die Prager Filmschauspielerin Isabella Tylniková ins Gästebuch.

1973: Schicksalsjahre einer Affenmutter

Mary hat nicht mehr so viel Energie wie früher. Sie ist zunehmend erschöpft und fährt auf eine sechswöchige Kur. Ihre Freundin Helga, die Frau des Nashornwärters, hilft so lange bei den Affenbabys aus, obwohl die Masseurin gar nicht im Zoo beschäftigt ist. Auch nach der Kur bittet Mary Helga darum, für sie einzuspringen. Helga macht das, aber sie fühlt sich auch ausgenutzt. Trotzdem kann sie es ihr nicht verübeln. Mary muss sich ihre Entlastung ja irgendwie organisieren. Vom Zoo bekommt die Affenwärterfamilie keine Unterstützung. Dabei ist es unübersehbar, wenn man sehen kann: Nach über fünfzig von Hand aufgezogenen Affenbabys ist Mary körperlich und emotional am Ende. Und, man muss es sagen, sie ist Alkoholikerin.

1975: Das Artenschutzabkommen

Am 14. Januar geben sich Inge Meysel und Uschi Glas die Klinke in die Hand. »Es war herrlich hier!«, schreibt Inge Meysel. »Fast!!! Alle Jahre wieder«, schreibt Uschi Glas.

Das Washingtoner Artenschutzübereinkommen tritt in Kraft. Es regelt die Aus- und Einfuhr namentlich gelisteter Tiere und Pflanzen, darunter etliche Affenarten. Ziel des Abkommens ist nicht die Beendigung des Handels, sondern nachhaltiger Handel mit staatlicher Zertifizierung. Das Abkommen wird von der Bundesrepublik 1976 ratifiziert, die DDR macht es ein halbes Jahr eher. Dies ist die dringend benötigte Handhabe im Artenschutz, aber die erhofften Auswirkungen stellen sich erst Jahre später ein, da die gesetzliche Ausgestaltung und Durchsetzung den Nationen obliegt. Es wird noch Jahre dauern, bis der Wildtier- und Naturschutzgedanke bei Händlern und Touristen ankommt.

1976: Das Wiedersehen

Der mittlerweile 84-jährige ehemalige Zoodirektor Lutz Heck senior, der als Rinderzüchter und Autor zweifelhafter Werke in Süddeutschland lebt, wird zum ersten Mal nach dem Krieg offiziell in den Zoologischen Garten geladen. Direktor Klös empfängt den Kollegen in allen Ehren, dann sitzt Heck dem Berliner Bildhauer Heinz Spilker Modell, eine Büste des ehemaligen Zoodirektors soll hergestellt werden. Die Büste wird nach Hecks Tod 1984 im Zoologischen Garten installiert. Noch Jahrzehnte wird man darüber hinwegsehen, in welchen menschen- wie tierfeindlichen Dienst sich der Zoologe während seiner Berliner Amtszeit stellte. Langsam setzt sich die Erkenntnis durch, dass der Zoo nur eine Zukunft haben kann, wenn er sich zur humanistischen Kulturtradition bekennt und versteht, dass die Menschen sich nicht nur für die Tiere interessieren, sondern auch für die Zoologen und Schausteller. Dies anzuerkennen ist ein mühevoller und für viele Zoologen auch unendlich schwieriger Prozess. Dass Lutz Heck und auch sein zwielichtiger Bruder Heinz Heck sich langfristig nicht mehr als bedeutende Zoologen und Männer von Achtung rehabilitieren und auch aus dem Verband der Deutschen Zoodirektoren ausgeschlossen werden, ist im Licht dieser Erkenntnis vielleicht gar nicht mehr so wichtig.

1977: Denn sie wissen nicht, wen sie knuffen

Katharina Heinroth feiert ihren 80. Geburtstag, zu der Feier bringt Kurt ein siebenjähriges Orang-Utan-Mädchen mit. »Reizend war der Schimpanse!«, sagt Bürgermeister Dietrich Stobbe beim Abschied. Kommentar Heinroth: »Elementare naturwissenschaftliche Kenntnisse gehören auch heute noch nicht zur Allgemeinbildung.«

1978: »Wissen Sie gar nicht, wer ich bin?«

Immer wieder klettern Sänger und Schauspieler über Absperrungen, Wassergräben und Zäune, um nah bei den Tieren zu sein, für bessere Fotos. Fordert man sie auf, mal ganz schnell zu verschwinden, weil das nicht ganz ungefährlich sei, kann schon mal einer kontern: »Wissen Sie denn gar nicht, wer ich bin? Ich bin Vico Torriani!«

1979: Die Naturschützerin

Helmut Schmidt hat den NATO-Doppelbeschluss auszufechten und den Terrorismus der RAF zu bekämpfen, aber seine Gattin

Loki Schmidt findet die Zeit, um an einem kalten Januartag an der Seite von Direktor Klös das Menschenaffenhaus zu besuchen; in ihrem Gästebucheintrag bedankt sie sich beim Affen-Walter dafür, »daß er auch mal seine ›Kinder‹ anfassen läßt«. Für das Foto posiert sie mit einem Gibbon auf dem Arm, dabei trägt sie einen auffälligen, feinlockigen Persianermantel mit passendem Pelzhut. Sie hat gerade ein Buch über Naturschutz und die einheimische Flora veröffentlicht und schon bald wird sie Deutschlands bekannteste Pflanzenschützerin sein. Doch 1979 ist der Zusammenhang zwischen Pelzherstellung und Tierquälerei noch nicht im Bewusstsein verankert und eine Frau, sogar eine Naturschützerin, die im Winter einen eleganten Persianer trägt, hat nichts Ehrenrühriges. Für die Herstellung der »Persianer« wird das Fell von frühgeborenen oder mechanisch ausgetriebenen und getöteten Karakul-Lämmern verwendet.

1981: Die weiße Frau im Dschungel

So aufgeregt war Kurt Walter noch nie: Die Schauspielerin Bo Derek hat im Menschenaffenhaus einen großen Pressetermin, sie will für ihren neuen Film *Tarzan – Herr des Urwalds* werben. Bo Derek gilt als das größte Sexsymbol der westlichen Welt, mit dem Image eines Naturgeschöpfes, das Lederbikinis trägt und feucht glänzende Haut zur Schau stellt. In der Rolle von Tarzans Freundin Jane entscheidet sie sich für ein Leben im Dschungel. Der Gedanke, dass die muskulösen weißen Körper von Tarzan und Jane inmitten einer zutraulichen, fast unterwürfigen Affenhorde eine koloniale Phantasie abbilden, erscheint noch vollkommen abwegig. Affen-Walter trägt ein Herrenhemd mit halbem Arm, dazu Krawatte, und seine Augen glänzen. Er hat, als wäre er selbst Tarzan, auch seinen Affen an der Hand: Eine aufrecht stehende Gorilladame begleitet ihn. Bo Derek, die heute ein helles Kleid und Wildlederstiefel trägt, greift nach der freien Hand der Affendame, und zu dritt posieren sie vor der versammelten Presse. »You have a beautiful friend. Bo Derek«, schreibt sie ins Gästebuch.

1983: Me, too

Herrn Walter mit herzlichen und dankbaren Wünschen
6.7.83 Richard von Weizsäcker

Karl Carstens
7. Nov. 83

Westberlin ist eine Insel, und die Schaffung von Wohnraum und die Erhaltung von Lebensräumen ist das große stadtpolitische Thema. Richard von Weizsäcker muss als Regierender Bürgermeister Westberlins mit dem explosiven Thema der Hausbesetzungen umgehen. Mit dem Papier »12 Grundsätze der Stadterneuerung« setzt sich eine vernünftige Lösung durch und der Berliner Betonfraktion, die den Abriss von Altbauten und die Vertreibung von Alteinwohnern und Hausbesetzern in Kreuzberg forderte, wird eine klare Absage erteilt. Wenn sich die Hausbesetzer auch in vielem von den Kleinbürgern unterscheiden, so sind sie sich in einem ähnlich: Sie brauchen die Übersichtlichkeit des Kiezes, mit seinen Trutzburgen, Straßen, Kneipen. Als wäre Westberlin nicht zersplittert genug, basteln die Berliner an ihrer mikroskopierten Gegenwelt, um den Zwängen des Kalten Krieges zu entgehen. Diese Strategie verbindet Linke wie Rechte, Filmfiguren wie echte Menschen, und im Fernsehen spiegelt sich das in den Serien *Drei Damen vom Grill*, *Berliner Weiße mit*

Schuß und später *Praxis Bülowbogen*, wo man es sich in herzigen Milieubeschreibungen gemütlich macht und die typische Berliner Spielart der Warmherzigkeit exerziert, nämlich die »mit Schnauze«. So hält man auch in Westdeutschland die Erinnerung an Westberlin wach, als geteilte Stadt, die sich irgendwie so gar nicht mit der Mauer zu beschäftigen scheint. Als der Volksschauspieler Günter Pfitzmann das Menschenaffenhaus besucht, setzt Kurt Walter ihm ein neugeborenes Affenbaby auf den Arm – das Geschöpf heißt fortan »Pfitze«. Die Tagespresse berichtet, das ist eine Topmeldung. Dieses Berlin existiert heute nicht mehr, aus Kleinem wird nicht mehr Kleineres, aus Niedlichem nicht mehr noch Niedlicheres.

1984: Anrufe vom Wirt

Kurt Walter setzt der Schauspielerin Thekla Carola Wied vor anwesenden Fotografen zwei junge Orang-Utans auf den Arm. »Ein schönes Erlebnis im Affenhaus bei Rawit und Bini. Herzlichen Dank, lieber Herr Walter!«, schreibt sie danach in das rote Gästebuch. Die erfolgreiche ZDF-Fernsehserie *Ich heirate eine Familie* macht nicht nur Thekla Carola Wied im ganzen Land ungeheuer bekannt, zum ersten Mal wird auch das Modell der Patchwork-Familie einem großen Publikum auf lustige Weise vorgestellt. Das Affe-Mensch-Patchwork der Familie Walter dagegen ist nicht mehr so harmonisch. Mary ist eine unverbesserliche Trinkerin, die bis zum frühen Morgen in den Kneipen rund um Bahnhof Zoo und Ku'damm hängt. Morgens klingelt der Wirt vom »Holst am Zoo« bei Kurt, dann muss er rüber und sie auslösen. Er nimmt die schwankende Frau unter den Arm und stützt sie bis zur Wohnung, damit den Nachbarn der Zustand nicht gleich auffällt. Aber der Zoo ist ein Dorf, jeder kennt die Schwächen der Anderen, gar nichts lässt sich hier verbergen. Mary krakeelt, wenn sie morgens von der Sauftour kommt, bepöbelt auch mal die Schulkinder, wenn die bei den Affen wie dämlich gegen die Scheibe klopfen. Die glückliche Zeit der Latzhöschen, Windeln und Fläschchen ist endgültig vorbei. Die Zuchterfolge sind gesichert, der Zoo kämpft nicht mehr um jeden Affen und die Affenmütter dürfen ihre Kinder jetzt endlich selbst aufziehen. Mary hat Brustkrebs, sie wird operiert und erholt sich, aber sie säuft weiter. Manche Kollegen meinen mit Blick auf Kurt Walter, das würden nur die wenigsten Männer mitmachen. Aber wenn Mary einen guten Tag hat, dann zeigt sie, dass sie ihren Kurt lieb hat. Seine Geburtstagsfeiern organisiert sie mit viel Hingabe, und auch an den Prominentenbesuchen nimmt sie weiter Anteil, wenn auch meist vom Bett aus. Einige Grüße im Gästebuch lassen darauf schließen, dass es ihr schlecht geht: »Für Mary mit allen guten Wünschen.«

1986

In Tschernobyl explodiert ein Atomkraftwerk, in der Berliner Discothek La Belle eine Bombe, aber im Menschenaffenhaus ist es ein ruhiges Jahr.

Prinz Bernhard
20.2.86

1987: Prostitution und Heroin am Bahnhof Zoo

87 Drogentote zählt Westberlin, mehr als jede andere deutsche Stadt.

Lieber Herr Walter! Haben Sie noch ein Plätzchen frei? Ich möchte in den Zoo!! Vielen Dank Desirée Nosbusch-Becker
10.11.87

Thank you my friend
Engelbert Humperdinck

1988: Es juckt, es kribbelt

Das Buch *Christiane F. – Wir Kinder vom Bahnhof Zoo* erscheint.

Richard von Weizsäcker
12.7.88

Am 19. Juni gibt Michael Jackson vor der Westseite des Reichstags ein Open-Air-Konzert. Die DDR-Führung ärgert es wahnsinnig, und die Volkspolizei wird angehalten, die fünftausend Jugendlichen, die sich auf der Ostseite des Brandenburger Tores versammelt haben, auseinanderzutreiben. Die Volkspolizei soll auch gegen Medienvertreter vorgehen, die darüber berichten könnten. Jede Berichterstattung über das Ereignis ist im Osten verboten. Aber die Maueranlage beginnt ihre abschirmende Wirkung zu verlieren, Veränderung liegt in der Luft, und aus Russland weht der neue Wind, er heißt Glasnost – Offenheit – und er bringt Perestroika – Umgestaltung. Jackson wohnt ganz nah am Zoologischen Garten, im Hotel Schweizer Hof an der Budapester Straße, während sein Doppelgänger im Interconti schläft, wo hunderte Fans rund um die Uhr auf der Straße wachen. Mehrmals besucht er in diesen Junitagen den Zoo, während der allgemeinen Öffnungszeiten spaziert er verkleidet umher und ist mit seinem angeklebten Fusselbart eigentlich sehr auffällig, aber doch nicht leicht zu erkennen. Am Abend des 20. Juni hat er den Zoo ganz für sich. Die Direktion ist stolz, den Weltstar begrüßen zu dürfen, der auf seiner Ranch in den USA selbst einen kleinen Zoo hält. Jackson und Affen-Walter drehen gemeinsam eine große Runde durch den Zoo, gefolgt von Jacksons Leibwächtern. Später erzählt Kurt den Kollegen, dass die englische Kriegsgefangenschaft ihm half, sich mit dem Amerikaner zu verständigen, aber nicht alle glauben oder gönnen ihm das. Sprachen die beiden etwa über Jacksons Schimpansen Bubbles, der in einem Versuchslabor in Texas geboren wurde? Jackson schläft mit Bubbles im selben Bett, heißt es, er teilt mit ihm das Essen, die Süßigkeiten und auch die Toilette. Beide tragen in der Öffentlichkeit sogar die gleiche Kleidung. Affen-Walter kommentiert die Affenliebe Michael Jacksons nicht, er ist viel zu bewegt und dankbar. In diesem Moment, scheint es, ist seine kleine Welt gerade der Mittelpunkt der Erde, und vielleicht stimmt das auch. Nicht im Traum würde er einen Michael Jackson über artgerechte Tierhaltung belehren. Affen sind Stars. Jacksons Unterschrift im Gästebuch nimmt eine ganze Seite ein:

love
Michael Jackson
20.6.88

Armin Müller-Stahl
3.11.88

1989: Flucht über eine Mauer

Liebe Mary!
Lieber Kurt!
Vielen Dank für wundervolle Momente.
Sie erfüllen mir jedes Mal einen Kindertraum!
Bis sehr bald
Ihre Desirée Nosbusch
27.8.89

Es ist ein ganz normaler Arbeitstag, in einem nicht ganz normalen Jahr. In Ostdeutschland bahnt sich eine Revolution an, tausende ganz normale DDR-Bürger fliehen aus dem Land. Den Affenwärter betrifft das nicht. Kurt Walter, mittlerweile 64 Jahre alt und kurz vor der Pension, hat andere Sorgen, er muss Pedro einfangen, der einen Wasserschlauch nutzt, den ein Hilfsgärtner an der Brüstung des Wassergrabens liegen ließ, um sich damit aus seinem Freigehege zu hangeln. Dann rennt er in Richtung Hardenbergplatz und klettert auf das Dach des Fahrradständers vor der Zooverwaltung. Von dort beobachtet Pedro den fließenden Verkehr. Affen-Walter entdeckt ihn und lässt sich einen Eimer Obst bringen. Er kann Pedro anlocken und zusammen gehen sie Hand in Hand zurück in den Zoo. Doch dann entwischt er noch einmal und muss auf dem Parkhaus in der Hardenbergstraße wieder angelockt werden. Der Rückweg führt durch das dunkle Parkhaus, draußen wartet der Transporter. O-Ton Affen-Walter: »Wir rein in den Bus, ›mit ach und krach‹ zurück in den Zoo ins Menschenaffenhaus, im Sauseschritt durch die Besucherhalle, durchs Affenbad in den Wärtergang, rein in den Käfig, Türe zu, Aktion beendet und plumps machte es, ein Stein fiel mir vom Herzen und einigen anderen Menschen auch!« Dies war Pedros kleiner Ausflug in die Freiheit, den Kurt Walter später als Ruheständler in einem Artikel für die Zeitschrift »Arbeitsplatz Zoo« schildert. Der Text ist auf interessante Weise ohne jegliche Pointe. Aber ist es nicht die größte Pointe, dass zu einem Zeitpunkt, als Freiheit, Ausreise und die Überwindung der Mauer die größte Rolle in Berlin und in der ganzen Welt spielen, ein Berliner Affe sein kleines Reich verlässt – die »Menschenaffenvilla«, wie Affen-Walter sie nennt?

Dieser Zufall nötigt Affen-Walter auch im Nachhinein nicht die kleinste Bemerkung ab. Begehren Tiere, was wir Freiheit nennen? Oder wollen sie nur einen Raum, der ihren Instinkten und Bedürfnissen entspricht – ein Revier? Was denkt der oberste Affenwärter von Westberlin über die Freiheit? Bald beginnt sein Ruhestand. Er ist selbst ein Geschöpf des Zoos, er kennt nichts anderes. Doch das Revier entlässt ihn, und die Freiheit, die sich Freizeit nennt, wartet auf ihn.

Katharina »die Einzige« Heinroth stirbt am 20. Oktober in Berlin mit 92 Jahren.

Viel Erfolg für die Zucht und die Haltung der Affen!
Walter Momper und Familie Sylvester 1989

1990-2015: Die Entlassung aus dem äffischen Paradies

Jane Goodall
Berlin, May 1992

Nach Kurts 65. Geburtstag müssen die Walters die Dienstwohnung aufgeben. Entlassen in die Stadt, die ohne Affengerüche, Schauküche, wilde Schreie ist, mieten die beiden eine Wohnung in Steglitz. Sie ist weder klein noch groß, nicht hässlich, aber auch nicht so schön, wie die Walters es verdient hätten. Die Zoo AG ist da vollkommen unbarmherzig. Alle Zoofamilien müssen die Dienstwohnung eines Tages räumen. Bis zum letzten Arbeitstag aber bleibt Kurt Walter der Revierchef. Sein Nachfolger wird Raimon Opitz, der das Tropenhaus unter sich hatte. Opitz wird auch für die Öffentlichkeit bald der Affenvater, aber das Medium seiner Popularität wird – anders als bei Kurt Walter – das Regionalfernsehen sein. Mary ist schwerkrank, der Krebs ist zurück, und vom Alkohol ist sie sowieso kaputt. Der Rentner Kurt Walter hegt seine Sammlung und er versucht sich über Jahre an zwei kleinen Aufsätzen, aber das fällt ihm nicht leicht. 1992 trifft er Jane Goodall, die Begegnung mit der berühmten Schimpansenforscherin überstrahlt jetzt alles. Bis zu seinem Tod ruft er sie jedes Jahr zum Geburtstag an, so schlecht kann sein Englisch nicht sein. Zum 70. Geburtstag gibt es eine Feier in seiner Wohnung, zu der viele Kollegen kommen, auch Dr. Klös hält ihm die Treue, der neue Affenvater Raimon Opitz kommt allerdings nicht. Die beiden sind sich nicht ganz grün, es gibt große fachliche Differenzen, was ist eine moderne Affenpflege, und was ist die richtige Affenpflege? Nach Marys Tod, der im Gästebuch keinerlei Spuren hinterlässt, versorgt Kurt Walter sich selbst, aber mehr schlecht als recht, denn er kann halt nicht kochen. Seine Haushaltshilfe putzt, aber sie kocht nicht. Die Boulevardzeitung BZ liegt jeden Tag auf der Fußmatte, und gelegentlich besucht ihn der Nashornwärter mit seiner Frau Helga, oder ehemalige Lehrlinge kommen vorbei. Alle tragen sich in das rote Gästebuch ein. Die Schauspielerin Tylniková aus Prag kommt auch nach Marys Tod noch einmal, und eine alte Freundin aus Zimbabwe. Er selbst ist nie in Afrika gewesen, auf dem Kontinent seiner Affenkinder. Der 80. Geburtstag wird wieder etwas größer gefeiert. Der im Ruhestand befindliche Direktor Klös hält Kurt Walter weiter die Treue, er soll ja eifersüchtig auf das Gästebuch sein, aber er schreibt gerne wieder ein paar nette Zeilen. Dr. Jarofke kommt auch. Er wird später das Buch *Das Flusspferd Knautschke, unser freundlicher Nachbar* über seine Jahre als Zootierarzt schreiben und es den Tierpflegern widmen: »Tierpfleger sind die Leute, auf die es ankommt.« Den Zoo besucht Kurt Walter schon lange nicht mehr, man soll ihn nicht so sehen, findet er, so alt, abgemagert, klapprig. Als er nach einem Schwächeanfall ins Krankenhaus eingeliefert wird, erhält er überraschenden Besuch von einer Nachbarin, der Justizvollzugsbeamtin Frau Brandt. Die vielen liegengebliebenen Zeitungen vor Kurt Walters Wohnungstür ließen sie Schlimmstes befürchten. »Haben Sie denn keine Verwandten oder jemanden, der Ihnen hilft? Was haben Sie denn all die Jahre nur gemacht?« Jetzt erst erfährt sie, dass ihr Nachbar der berühmte Affen-Walter ist, der so viele Affen mit der Hand aufzog. Aber Affen besuchen einen alten Tierwärter nicht. Er erholt sich und kommt zurück in seine Wohnung. Frau Brandt schaut jetzt nach Dienstschluss regelmäßig nach ihm und am Wochenende kocht sie für ihn. Dann fällt er hin, er kommt aus eigener Kraft nicht mehr hoch. Sie findet ihn abends, da hat er stundenlang gelegen. Kurt Walter gibt ihr eine Vollmacht und sie sucht ihm ein Heim aus. Das Zimmer im Heim ist grasgrün gestrichen, zufällig, es sieht aus wie im Dschungel, das passt zu seinen Stoffgorillas. Er nimmt nur wenige Fotos mit ins Heim, das mit Jane Goodall ist extrem wichtig, alles andere lässt er zurück. Frau Brandt besucht ihn zweimal die Woche, er erzählt ihr immer von den Affen. Sie schlägt einen Zoobesuch vor, aber er mag nicht. Auch der Zoo hat sich verändert, die meisten Besucher sind Touristen, der Bahnhof Zoo ist nicht mehr so wichtig für das neue Berlin, man mag kaum glauben, dass hier mal das Verkehrszentrum der Stadt war, und Bundespräsident Gauck hat den Zoo auch noch nie besucht. Frau Brandt erzählt von seinen letzten Jahren, sie sitzt in ihrem Wohnzimmer vor einer Fototapete, die einen Naturfelsen zeigt. Zu wissen, dass auch sie eine Art Wärterin ist, der Justiz zwar, aber mit einer Felswand in den eigenen vier Wänden lebt, gibt doch zu denken. Welche Schicksalsironie, dass es am Ende diese freundliche Frau ist, die sich um den alten Affen-Walter kümmert. Es ist ein stressiger Job, sagt sie über ihre Arbeit im Justizvollzug, ihre Augen blinzeln und sprechen von der Unberechenbarkeit der Gefangenen. Sie zeigt das letzte Foto von Kurt Walter. Er ist nicht wiederzuerkennen, klein und kahl ist er, das Essen im Heim ist schlecht. »Das könnt ihr eurem Hund geben«, sagte er zu den Pflegern. Ansonsten beklagte er sich nie. »So ist das Leben«, sagte er meist. Oder: »Da kann man nichts machen.« Er war immer freundlich, nachgiebig, ein weicher Typ. Er hatte ja viel Glück im Leben, er kam zu den Engländern in Gefangenschaft, sein Freund Heinz musste zu den Russen, den sah man nie wieder. Kurt Walter zog viele Affen groß, und einige verlor er. Mary hieß eigentlich Kveta mit Vornamen, das bedeutet die Blühende, die Blume, am Ende hatte sie Leberzirrhose und war vom Krebs zerstört. Die Affen sind das Wichtigste in seinem Leben. Sie sind wichtiger als die Kanzler, die Bundespräsidenten und Bürgermeister, wichtiger als Hans Rosenthal, Walt Disney und die Kessler-Zwillinge, die ja auch alle in sein Menschenaffenhaus kamen. Niemand würde sein Affenmuseum übernehmen, die Plüschtiere, Keramiken, Bücher und Fotos, das weiß er beim Umzug ins Altersheim. Das rote Gästebuch aber gab er seiner Nachbarin, die wie er ein Michael-Jackson-Fan ist und es seither gut verwahrt.

Hochzeitskleid, garantiert ungetragen

Zwölfttausendeinhundertachtundneunzig (12 198) Hochzeitskleider werden in diesem Moment deutschlandweit bei eBay Kleinanzeigen angeboten, täglich kommen weitere dazu. Doch welche Braut schaut schon bei eBay Kleinanzeigen nach einem gebrauchten Brautkleid, auch wenn es »garantiert chemisch gereinigt« wurde. Es ist extrem schwierig, ein gebrauchtes Hochzeitskleid zu verkaufen. Und wie soll man es präsentieren? Mit den Fotos der eigenen Hochzeit, wie die meisten Anbieterinnen es tun? Oder an einem Bügel hängend? Dann sieht es schlaff und leblos aus. Tausende frisch vermählte Frauen präsentieren sich bei eBay Kleinanzeigen mit ihrem Brautkleid neben Hochzeitstorten, vor dem Standesamt, am festlich geschmückten Tisch oder in einer Pferdekutsche. Das Gesicht der Frau ist meist nicht zu erkennen, die Augen sogar manchmal hinter einem schwarzen Balken versteckt, und so fällt der Blick auch nicht auf ihren (hoffentlich) strahlenden Blick, sondern auf das Fleisch, das aus der Korsage quillt, auf unterkühlte Arme, die in eine mettwurstartige Maserung übergehen, und auf die gefürchteten Speck-Griffe – auch *fuck handle* genannt – am unteren seitlichen Rücken, wie sie sich bei fester

Schnürung gerne zeigen. Erstaunlich, wie man die Hochzeitsbilder fremder Menschen plötzlich mit Missbilligung betrachtet, denn Spaß macht es nicht, sich durch die weiße Welt der immer gleichen Hochzeitsmomente zu klicken. Viele Anbieterinnen inserieren gleichzeitig Babyklamotten, befinden sich also in dieser pragmatischen Lebensphase, in der Einladungen zu Gartenpartys nicht als Gelegenheit verstanden werden, mit dem Hochzeitskleid unterm Arm zur Schneiderin zu laufen und: »Bitte kürzen!« zu fordern. Bevor so ein nutzloses Brautkleid bei den Faschingsutensilien der Kindertagesstätte landet, muss es zurück in den geheimnisvollen Kreislauf der gebrauchten Dinge, der aus Müll Werte macht und aus Werten wieder Müll. Die meisten Hochzeitskleider sind immer noch weiß, es folgen in der Beliebtheit die Abstufungen cremefarben bis rosa. Dazu die nicht kleine Anzahl von knallroten oder bordeauxfarbenen Hochzeitskleidern. Die Auswahl an Größen und Designs lässt auch bei eBay Kleinanzeigen keine Wünsche offen, ob zierlich oder schwer, vorne flach oder mit melonengroßen Körbchen, ob mit Schleppe, gerafft, mit Rüschen, Röschen oder Reifrock – alles ist hier zu haben. Aber welches Detail, welcher Anzeigentext könnte einen Hinweis auf eine tolle Geschichte geben? »Islamisches Hochzeitskleid aus Paris« klingt interessant. »Größe 46 für die Braut mit allen Extras« mag subtiler sein, als es scheint. Oder das:

»Ich biete hier ein sehr schönes Hochzeitskleid an, welches mir sehr viel Glück gebracht hat. Da nun ein weiterer Mensch in unser Leben einzieht und ich leider keinen Platz mehr habe, um es irgendwo hinzuhängen, möchte ich es gerne auf diesem Wege verkaufen. Man sagt ja immer, für eine Hochzeit sollte man etwas Gebrauchtes, etwas Neues, etwas Geliehenes und etwas Geschenktes tragen.«

Die Anzeige ging noch lustig weiter, doch allein dieser Ausschnitt enthielt im Original sechs Rechtschreibfehler, und die Bemerkung, man habe keinen Platz mehr, »es irgendwo hinzuhängen«, war viel zu unromantisch, als dass meine Neugier erwacht wäre. Als Erstes nahm ich Kontakt mit einem Ehepaar auf, das nur ein einziges Teil seiner Ausstattung verkaufen wollte:

Hochzeits-Regenschirm
Aufdruck ›you are my sunshine‹
Farbe: creme
Spannweite: ca. 125 cm, Länge: ca. 91 cm
Braut und Bräutigam passen zusammen bequem drunter

Diese Anzeige sprach mit mir, nicht zufällig, denn kurz zuvor hatte ich in Brandenburg auf dem Gelände eines Guts miterlebt, wie eine Hochzeitsgesellschaft mit schlechtem Wetter klarzukommen versuchte. Es war Ende Juni und zu kalt für die Jahreszeit. Die Sonne hatte sich hinter einem feuchten grauen Film versteckt. Ich saß warm und trocken in dem zum Gut gehörenden Café und beobachtete aus dem Fenster, wie sich einzelne Hochzeitsgäste aus dem Schloss wagten. Die Damen trugen offene Schuhe und ein Glas Sekt in der Hand, die Herren hatten kleine Kinder auf dem Arm, die sich nach den Katzen und dem freilaufenden Eselspaar umsahen. Auf Kopfsteinen wippend, lächelte man sich zu. Dies war die tapfer ertragene Stimmung eines Familienfestes, das die Kurve ins Unvergessliche noch nicht gekriegt hatte. Später bei Tanz und Kerzenlicht würden die Leute das schaffen. Klar doch. Mir genügte ein Blick auf die Truppe vor dem Gutshaus, um selbst bedrückt zu sein. Bedruckt aber war der Schirm aus der Anzeige mit den

Worten »You are my sunshine«. Wieso bloß kaufen Leute einen so lächerlichen Schirm, der im Falle seines Einsatzes dafür garantiert, dass auf allen Hochzeitsbildern dieser Spruch – der aus einem amerikanischen Schlager stammt – zu sehen sein wird? *»You are my sunshine, my only sunshine, you make me happy, when skies are grey ...«* Ein Ohrwurm aus den 1930er Jahren mit schlichter Liebesbotschaft. Heute lieben sich die Menschen anders. Als der Stuttgarter Koch Vincent Klink einmal gefragt wurde, wieso das Essen früher besser geschmeckt hat, antwortete er: Früher hat man mehr Hunger gehabt. Genauso ist es mit der Liebe, früher mehr Hunger, besonders zum Zeitpunkt der Hochzeit. Das Paar mit der Regenschirm-Annonce antwortete nicht. Auch andere Inserenten, die Schirme oder dunkelrote Hochzeitsroben oder Burgfräulein-Fantasy-Hochzeitskleider anboten, antworteten nicht auf die höfliche Anfrage, ob sie einer Berliner Autorin die Geschichte, die sich hinter ihrer Anzeige verbarg, erzählen würden. Es gab sogar ein grünes Verlobungskleid aus Chemnitz, dafür wäre ich sogar hingefahren. Lange sah es so aus, als würde es mir nicht gelingen, aus einem Hochzeitskleid oder -accessoire eine Geschichte zu machen. Dann meldete sich Yvonne. Ich hatte ein eingerostetes, plattes Einrad unter »zu verschenken & tauschen« annonciert und suchte jemanden, der es mir reparieren würde, bei Erstattung aller Materialkosten, damit ich es dem Flüchtlingsheim in meiner Wohngegend spenden konnte. Das Heim hatte nach bewegungsaktivierenden Spielgeräten für Kinder gesucht. Es meldeten sich drei Menschen: ein hilfsbereiter Fahrradmonteur, eine blöde Person, die mitteilte, dass Flüchtlinge alle Spenden sowieso nur wegschmeißen würden – und Yvonne. Sie schrieb: »Hallo lieber Verschenker, wir sind eine Gruppe privater Menschen, die sich zusammengetan haben, Flüchtlingskindern zu helfen. Anbei auch unser

Aufruf mit der eBay Anzeigennummer, damit Sie sich ein Bild machen können. Was muss denn an dem Einrad repariert werden? Beste Grüße, Yvonne.«

Der Aufruf war mit Fotos von einem Kinderfest illustriert und ein bisschen traurig anzusehen: ein Betonvorplatz mit Holzbänken, ein Schminktisch, ein Clown mit Luftballons, dunkelhaarige Mädchen und Jungen, die Fahrrad fuhren, bastelten und dabei von Erwachsenen angeleitet wurden. Irgendwas daran war merkwürdig, aber ich wusste nicht, was. Dann schaute ich mir Yvonnes andere Anzeigen an. Mein Herz machte einen Sprung, sie verkaufte nicht nur ein Faltboot, sondern auch dies:

Hochzeitskleid weiß (Größe 38) – ungetragen – NEU!! Preis: 250 € VB
Ich verkaufe mein Hochzeitskleid, welches ich nie getragen habe, da die Hochzeit nicht stattgefunden hat. Es ist auch noch nicht angepasst worden. Also Originalzustand. Größe laut Label ist 42, ich habe aber im normalen Alltag eine 38 und passe super rein. Originalpreis waren 499 EUR. Den Reifrock in Größe M für 45 EUR lege ich mit dazu. Träger fürs Kleid sind vorhanden und können in die Ösen integriert werden. Eine Stola in derselben Farbe und Stoff ist ebenso dabei.
Die Rechnung ist noch vorhanden. Gekauft im Brauthaus Berlin. Ihr könnt das Kleid gern anprobieren. Ruft einfach an oder schreibt eine Mail!

Ein halbes Jahr dümpelte ihre Anzeige schon im Netz und hatte immerhin etwas über hundert Besucherinnen gehabt. Dass sich ein Paar vor der Hochzeit trennt, hat jeder schon mal gehört – dass die Braut aber ihr Hochzeitskleid verkaufen will, und damit durchaus Mühe haben kann, gibt der Sache den

Twist. Was tut man mit einem Kleid, das nicht zum Einsatz kommt? Es für die nächste Hochzeit aufheben? Sicher nicht. Einer Freundin würde man das Kleid auch nicht geben, die würde das Geschenk kaum annehmen. So ein trauriges Kleid wird man höchstens an eine Fremde los. Aber die Menschen sind in Hochzeitsangelegenheiten sehr abergläubisch. Welches Schicksal verbarg sich hinter Yvonnes Hochzeitskleid, war etwas Furchtbares geschehen? Starb der Bräutigam? Brannte er mit der besten Freundin durch?

Hallo Yvonne, danke, dass du dich gemeldet hast. Wie ich auf den Fotos eurer Spielfeste sehe, könnt ihr das Einrad gut gebrauchen. Eben meldete sich ein netter Monteur, der das Rad reparieren würde. Möchtet ihr es anschließend haben? Ich habe noch eine weitere Frage. Ich bin Schriftstellerin und forsche über Gegenstände, ihre Besitzer und die Geschichten hinter eBay Kleinanzeigen. Nachdem du dich gemeldet hast, sah ich mir deine weiteren Anzeigen an und dachte, dich schickt ja der Himmel. Ich suche schon lange eine Geschichte zu einem Hochzeitskleid. Gar nicht so einfach. In deiner Anzeige sprichst du an, dass die Hochzeit ausfiel. Dürfte ich dich dazu interviewen? Und bei der Gelegenheit könnte ich das reparierte Einrad mitbringen.

Yvonne war einverstanden, aber es war nicht einfach, einen Termin zu finden. Auch das Einrad blieb kaputt, da meine Tochter es nicht mehr hergeben wollte, auch nicht für Flüchtlingskinder, dafür trennte sie sich ohne Mühe von zwei Paar zu klein gewordenen Inlineskates. Eines Abends bepackte ich meinen Fahrradkorb mit den Skates, hängte zwei schwere Tüten voll Dinosaurier-Figuren an die Lenker und sagte dem Sohn zum Abschied: »Ich werde jetzt eine Stunde lang Fahrrad fahren, um eine fremde Frau zu treffen, die mir die Geschichte ihrer geplatzten Hochzeit erzählt.«

»Das hört sich stressig an, Mama.«

»Es gibt Schriftsteller, die reisen um die ganze Welt, um eine Geschichte zu hören, nach Afrika oder Asien. Deine Mutter muss nur mit dem Fahrrad hinter den militärischen Flughafen und dann noch ein Stück weiter bis zum Tegeler See fahren.«

»Wenn man es so sieht«, sagte er, »klingt es nicht mehr so stressig.«

»Sobald du und deine Schwester größer seid, reise ich auch in die weite Welt, um Geschichten zu finden. Vorerst muss es so gehen.«

Während der Fahrt schaltete sich der Brüllsound-Chip eines Spielzeug-Dinosauriers an und begleitete mich auf dem restlichen Weg. Passanten, die sich darüber hätten wundern können, gab es auf dem letzten Drittel der Tour nicht mehr. Ich fuhr über eine Autobahnbrücke, kam an Bungalows vorbei, überquerte von Gras überwucherte Straßenbahngleise und sah zwischen dem Tegeler Forst und einer langen Reihe parkender Autos den Tegeler See glitzern. Ich gelangte in ein schwach beleuchtetes Wohngebiet, das man in der Nachkriegszeit für die französischen Militärangehörigen gebaut hatte. Ich stellte das Rad vor einem Mehrfamilienhaus ab und fand Yvonnes Namen am Klingelbrett. Ein Mann kam runter, Anfang dreißig, sportlich. »Ich bin Yvonnes Freund«, sagte er. Er nahm das Spielzeug und die Skates und brachte sie in den Keller, anschließend gingen wir nach oben. Im Treppenhaus aus hochwertigem Holz gab es Glasbausteine, wirklich schön hatten es sich die Franzosen in ihrem Sektor gemacht, von nachkriegsbedingter Materialknappheit schienen sie nicht betroffen gewesen zu sein. Heute schätzt man diesen Stil wieder, aber die dezentrale Lage zwischen See und Forst verhinderte wohl, dass diese Gegend zur begehrten Wohnlage wurde. Yvonne erwartete mich an der Tür, wir reichten uns die Hand, aber der rituelle Moment, den ich mir ausgemalt hatte – die Übergabe der Tüten gegen Preisgabe ihrer Geschichte –, fiel aus. Sie kochte Tee und erzählte von den Flüchtlingskindern, die sie bei den Spielfesten kennenlernte: Kinder, die kaum lachten, für Bruchteile von Sekunden zuckten die Mundwinkel, aber jedes Spielen wurde mit Ernst betrieben, und die Helfenden lernten, dass ein Spiel auch still und traurig ablaufen kann. Ihr Bericht erklärte, was mich an ihrem Spendenaufruf irritiert hatte: Obwohl da Kinder spielten, waren sie ernst und traurig.

Mit einer Tasse Tee setzten wir uns an den Wohnzimmertisch. Ihr Freund demonstrierte Unbeteiligtheit, indem er sein iPad zur Hand nahm und sich aufs Sofa setzte. Vielleicht hatte er seinen Namen gesagt, vielleicht auch nicht, ich hätte ihn mir vor Nervosität sowieso nicht merken können. Ich fragte mich, ob seine Anwesenheit Yvonne hindern könnte, offen über die geplatzte Hochzeit zu sprechen. Ich hatte nicht damit gerechnet, sie mit einem neuen Freund anzutreffen. Das Paar war Anfang dreißig, beide arbeiteten im öffentlichen Dienst und engagierten sich ehrenamtlich für Flüchtlinge. »Ist er der Grund der geplatzten Hochzeit?«, fragte ich.

Sie schüttelte den Kopf. »Wir lernten uns erst kennen, als alles vorbei war. Über ein Dating-Portal. Als ich den Kopf wieder frei hatte.«

»Und in wessen Wohnung sitzen wir hier?«

»Er wohnt schon länger hier, ich bin eingezogen.«

Ich sprach den Mann direkt an: »Bist du sauer oder genervt wegen dieser Hochzeitsgeschichte? Ist es belastend für dich, dass wir jetzt darüber sprechen wollen?«

»Nein«, sagte er nur.

Dann fingen wir an, sie erzählte und ich machte Notizen.

Wenn ich etwas nicht verstand, oder genauer wissen wollte, hakte ich nach. Der Freund hörte aufmerksam zu und schaute kaum mehr auf das iPad. Aber er mischte sich nicht ein.

Der Bräutigam hieß Moritz. Sie waren schon vier Jahre zusammen, dann wollten sie heiraten. Sechs Wochen vor der Hochzeit verbrachten sie einen Abend bei Freunden. Man aß und trank und sprach über so heitere Dinge wie Krankheiten und Zukunftsängste. Yvonne erwähnte ihre Neurodermitis, unter der sie seit ihrer Kindheit litt. Es gab immer wieder lange Phasen, in denen sie Cortison nehmen musste. Es beschäftigte sie die Frage, ob und wie das Cortison, von dem sie vielleicht zu viel in ihrem Körper hatte, eines Tages ausgeleitet werden konnte. Sie fürchtete, das Cortison könnte zu einer Missbildung bei Kindern führen oder eine Schwangerschaft behindern. Das Thema war wissenschaftlich umstritten, aber für Yvonne ein Grund, sich immer wieder Sorgen zu machen. Und dann erklärte Moritz plötzlich in die Runde hinein, und das war schlimm: »Ich will gar nicht, dass sie gesund wird, dann fängt bloß das Thema Kinder wieder an.« Sie zog noch am gleichen Abend aus der gemeinsamen Wohnung aus und schlief bei einer Freundin auf dem Sofa. Tagelang wartete sie darauf, dass er mit Blumen und einer Entschuldigung vor der Tür stehen würde. Die Zeit drängte, der Termin der standesamtlichen Trauung stand fest, der Raum für die Feier mit über hundert Gästen in einem Ballsaal im Wedding war gebucht. Einiges musste noch organisiert und bestellt werden, das Testessen, die Weinprobe, die Auswahl der Hochzeitsspiele. Die Hotelzimmer für die Angehörigen waren noch nicht reserviert, auch hatten sie noch nicht über die Hochzeitsreise nachgedacht. Yvonnes Familie wollte einen Teil der Kosten für die Hochzeitsfeier übernehmen, den Rest würde das Paar zahlen, da blieb nicht viel Luft für eine große Reise. Von Moritz' Seite war nichts zu erwarten, der Vater lebte nicht mehr. Yvonne wartete Abend für Abend auf Moritz, während der Hochzeitstermin näher rückte. Aber er entschuldigte sich nicht, er kam nicht angekrochen, er erwartete, dass sie zu ihm zurückkehrte. Sein gewalttätiger Vater hatte ihm die Kinderliebe unmöglich gemacht, sie wisse doch, was er als Kind durchgemacht habe. Kinder machten ihn nervös, stressten ihn. Und so war es doch ganz verständlich, dass er sich eine kranke Frau wünschte, die ihn mit ihrem Kinderwunsch verschonte.

Stand er nicht selbst unter Schock, dass an jenem Abend so klare, so harte Worte aus ihm kamen? Er hatte sonst nie so geredet. Er war der Großmeister der verschwommenen Worte. Wenn Yvonne auf das Kinderthema zu sprechen kam, hatte er nur »später, später« gesagt. Das funktionierte vier Jahre lang. Dass er keine Kinder haben wollte, das verstand sie erst jetzt.

»Wenn ich von Anfang an gewusst hätte, dass er keine Kinder will, hätte ich mich nicht auf ihn eingelassen«, dachte sie schließlich und sagte die Hochzeit ab.

Sie zog zu ihren Eltern, die verständnisvoll reagierten. Eine Hochzeit abzublasen kann ein Alptraum sein, besonders finanziell. Ihre Oma hatte die Ringe bezahlt, was würde sie dazu sagen? Die Oma spielte für Yvonne eine große Rolle. Als sie vom Ende der Träume erfuhr, fragte sie nur: »Und wie fühlst du dich, Yvonne?«

»Als wäre mir eine Last abgenommen«, antwortete sie.

»Geh danach, was sich gut anfühlt«, sagte die Oma. »Dann ist es die beste Entscheidung, die du treffen kannst.«

Für Yvonne war dieser Rückhalt wichtig, mit kritischen oder bohrenden Fragen wäre ihr nicht geholfen gewesen. Doch stellt sich die Frage: Wieso kann es sein, dass eine erwachsene Frau, die mit einem Mann vier Jahre lang Tisch und Bett teilt, nicht bemerkt, dass der Kerl an einer Familiengründung nicht interessiert ist? Dass zwar seine körperlichen, nicht aber seine seelischen Verletzungen verheilt sind?

Moritz erlebte in seiner Kindheit Misshandlungen, so dass er die Angst vor einem Leben mit eigenen Kindern nicht abschütteln konnte. Er wollte sich auch nicht helfen lassen, hatte sich mit seinem Schicksal arrangiert. Yvonne musste sich später eingestehen, dass sie von seiner schrecklichen Angst, den eigenen Kindern gegenüber gewalttätig werden zu können, gewusst hatte. Wie konnte sie das nicht ernst nehmen, wie hatte sie sich mit dem Hinweis auf »später« jahrelang vertrösten lassen können? Oft sprach das Paar aneinander vorbei. Auch bei der Planung der Hochzeit. »Was das alles kostet, dafür könnten wir Luxusurlaub auf Bali machen. Ich wollte schon immer nach Bali. Wäre das nicht toll, wir heiraten auf Bali und lassen alles zurück?«, hatte Moritz gesagt. Yvonne verstand seine Botschaft, nur etwas anders, sie buchte das Hochzeitspaket »Südsee«, mit Sand, Muscheln und balinesischen Liedern. Vielleicht hätte das Paar nach diesem Muster jahrelang weitermachen können. Ob sie glücklich geworden wären? Interessanter ist doch die Frage, wieso sich das Muster änderte. Wieso die Kinderfrage sechs Wochen vor der Hochzeit doch noch Thema wurde. Mit der Aussprache hätten sie auch bis nach der Hochzeit warten können. Moritz hätte sie weiter hingehalten, Yvonne sich weiter täuschen lassen, vielleicht noch viele Jahre. Was war geschehen, dass Moritz plötzlich Klartext redete und Yvonne gezwungen war, ihm einmal richtig zuzuhören? Nachdem ich eine Weile darüber nachdachte, kam ich zu dem Schluss, dass die Antwort nicht in Yvonnes Darstellung der Ereignisse zu finden war. Hier geschah etwas, das stärker und älter war als die alltägliche Routine eines Paares, das zwar zärtlich aneinander hing, aber nicht ehrlich miteinander umging im Hinblick auf die Lebensperspektiven. Der Wechsel kam mit der Hochzeitsvorbereitung, mit dem Einbruch der Traditionen, Symbole und Farben.

Ein halbes Jahr vor der Hochzeit kaufte das Paar in einem Hochzeitsgeschäft in Berlin-Mitte gemeinsam die Hochzeitsgarderobe. Moritz' Anzug passte gleich und verschwand im Schrank. Das Kleid aber hing bis zu dem verhängnisvollen Abend in einer durchsichtigen Folie an der Schranktür, denn Yvonne hatte noch weitere Accessoires zu besorgen. Strümpfe und Wäsche, den Reifrock, die Handschuhe, ein Täschchen, Haarteile, Schmuck. Dazu musste sie das Kleid stets vor Augen haben, mit seiner »unbunten Farbe« Weiß, die es in so vielen Abstufungen gibt. Kaum zu glauben, wie schwer es ist, unterschiedliche Dinge in Weiß aufeinander abzustimmen. Das Kleid hing ein halbes Jahr lang am Schlafzimmerschrank. Beim Einschlafen und beim Aufwachen hatte das Brautpaar es im Blick. Es war ein dezentes Kleid, mit einer Korsage und einem leicht gerafften Rock. Kein Aufreger, aber elegant. Ein alter Brauch sagt, dass der Bräutigam das Kleid seiner Braut vor der Hochzeit nicht zu Gesicht bekommen darf. Der Aberglaube hält eine schreckliche Strafe für den Verstoß bereit: Unglück. Nur das eine Wort, Unglück, das man sich selbst ausmalen darf. Yvonne und Moritz sind nicht abergläubisch. Sie kauften ihre Hochzeitsgarderobe gemeinsam, sie hätten auch die letzte Nacht vor der Hochzeit gemeinsam verbracht. Sie hätten den Morgen des Hochzeitstages zusammen verbracht. Auch bäuerlich-jahreszeitliche Weisheiten spielten bei ihren Vorbereitungen keine Rolle – welche Braut unserer Tage knetet am Abend vor der Hochzeit noch einen Hefeteig, um zartere Hände zu kriegen? Andere Bräuche, wie den Reisregen – der in vielen Standesämtern wegen Rutschgefahr verboten ist – oder das Hupen der Autoeskorte, hätten sie sicher gerne übernommen, zur Glücksbeschwörung und weil es zum Repertoire der Gäste gehört. Aber es sind keine Glaubensvorstellungen damit verbunden. Yvonne und Moritz kannten die Furcht vor den abergläubischen Zeichen nicht. Der Aberglaube stammt nicht aus einer sanfteren Zeit. Man bedenke, was Schielende, Rothaarige oder Menschen mit großen Leberflecken in vergangenen Zeiten aushalten mussten, weil die Menschen abergläubisch waren. Dass Menschen sich mit großer Lust gegenseitig unterdrücken, quälen und necken, zeigen auch gerade die Hochzeitsbräuche mit ihrer Nähe zur Übergriffigkeit. Aus dem Alpenraum kennt man die Brautentführung, wo die Junggesellen eines Dorfes dem Bräutigam die Braut über Stunden entziehen. Dieser Brauch lässt im Dunkeln, was der Braut während der Entführung durch ein Rudel Junggesellen widerfährt. Manche sehen den Brauch in der Tradition des historisch nicht gesicherten *ius primae noctis* (»Recht der ersten Nacht«), durch das der mittelalterliche Lehnsherr die soziale Ordnung, die durch eine neue Frau in seinem Revier gestört sein könnte, wiederherstellen kann. Doch heute stellt man sich Bräuche und Traditionen lieber possierlich vor, als Gaudi, obwohl sie ihren demütigenden Charakter im Kern behalten haben. Auf Junggesellenabenden werden Braut und Bräutigam rituell verhöhnt und ausgelacht, wenn ein Stripteasetänzer oder eine Prostituierte, vom Freundeskreis engagiert, den Heiratskandidaten mit dem Problem der ehelichen Monogamie konfrontiert. Andere Hochzeitssitten wandelten sich, wie das Tragen des schwarzen Brautkleides. Die arme weibliche Bevölkerung Europas heiratete bis zum Ende des 19. Jahrhunderts im Sonntagskleid, das gottgefällig und gepflegt zu sein hatte, und das war meist schwarz oder entsprach der regionalen Tracht. Heute ist es kaum vorstellbar, dass junge Frauen in Schwarz oder Tracht heiraten. Nur dem Mann verleiht das Schwarz noch Feierlichkeit, Ernst und Würde, ohne dass man gleich an den

Tod denkt. Die Hochzeit in Weiß schaute sich die Bevölkerung beim europäischen Adel ab, und ganz große Mode machte eine unerhörte Liebesheirat in der Mitte des 19. Jahrhunderts: Als der Kaiser der Franzosen, Napoleon III., die spanische Adelige Eugénie de Montijo 1853 heiratete, zuerst standesamtlich, dann kirchlich, war das ein Skandal. Napoleon III. war eigentlich einer Prinzessin zu Hohenlohe-Langenburg versprochen, doch scheiterte die Verbindung an der Intervention der englischen Krone. Napoleon entschied sich kurzfristig für Eugénie und gab in seiner Verlobungsrede ein öffentliches Statement ab: »Ich ziehe eine Frau, die ich liebe und achte, einer anderen vor, mit der eine Verbindung einerseits Vorteile, aber auch Opfer bedeutet hätte.« Eugénie wiederum brach mit der spanischen Mode des schwarzen Brautkleides und trat mit einem weißen Traum vor den Altar, mit einer meterlangen Schleppe und einem Schleier vor dem Gesicht. Diese Vermählung wurde in vielen Bildnissen festgehalten, die massenhaft zirkulierten, und bald war Eugénie die große Inspiration und Förderin der französischen Mode. Sie trug dazu bei, dass in den bürgerlichen Kreisen des 19. Jahrhunderts die Liebesheirat mit weißem Schleier – später im weißen Kleid – en vogue wurde. Dem französischen Herrscherpaar aber brachte die Ehe kein Glück, Eugénie war nach der Geburt eines Sohnes so gefährdet, dass sie eine weitere Schwangerschaft nicht mehr riskieren konnte, und er hatte zahlreiche Affären. Das weiße Kleid aber steht mehr denn je im Mittelpunkt der romantischen Inszenierung. Es soll uns staunen machen, blenden und entfaltet seine vollständige Wirkung nur dann, wenn alle beim Blick auf die Braut vor Ergriffenheit erstarren, zum Taschentuch greifen. Zahllose Hollywood-Filme zeigen diese Szene, ungeachtet der Langeweile, die sie verbreitet. Der Traum in Weiß ist fordernd, er läutet die Phase der Familiengründung ein, spätestens dann, wenn in der Lebensphase zwischen dreißig und vierzig die Karrieren angeschoben worden sind und nur noch die Kinder zum Lebensglück fehlen. Doch mit der Elternrolle geht auch eine Veränderung der Beziehung einher, ein Partner wird zum Hauptversorger, während der andere mehr Zeit mit den Kindern verbringt. Deshalb bleibt der feierliche Treueschwur »ganz in Weiß« mit allem Drum und Dran so wichtig: Vor Zeugen, in nicht alltäglicher Kostümierung, übernimmt das Paar die Verantwortung für den solidarischen Zusammenhalt. Das Weiß betont das Idealistische dieses Unternehmens, verdeckt das Risiko und bleibt kalt und triumphierend.

Wie wirkt das Weiß auf jemanden, der sehr viel Dunkelheit in sich trägt? Wir wissen, dass Moritz sich einmal vorstellte, er könne die dunklen Gedanken gegen das Sonnenlicht einer exotischen Insel eintauschen. Bali, das war ein magisches Wort für ihn. Aber Yvonne wollte nicht nach Bali, sie wollte das ganze Paket mit Feier, Kleid und später dann Kinder. Ihre Ansprüche waren berechtigt und wurden angemeldet. Es hätte furchtbar schiefgehen können. Wer hätte sie gerettet? Nicht die verständnisvolle Oma, nicht die Eltern und auch nicht die Freundin mit dem Sofaschlafplatz. Niemand hat sie gewarnt, keiner hat sich eingemischt. Aber sechs Monate vor der Hochzeit hängte Yvonne – ohne Angst, ohne Aberglauben – das Kleid an die Tür des Schlafzimmerschranks und alles änderte sich. Sechs Wochen vor der Hochzeit wurde das Paar bei Freunden zum Essen erwartet. Yvonne war gespannt, ob sie etwas über den Polterabend erfahren würde, den die Freunde planten. Moritz kam früher von der Arbeit nach Hause. Er habe Kopfweh, sagte er, er könne nicht mitkommen. Yvonne war nicht glücklich darüber, aber sie nahm das Auto und fuhr los. Moritz legte sich hin, aber er konnte nicht einschlafen. Seine Augen blieben auf den Schlafzimmerschrank gerichtet. Am liebsten hätte er das Kleid angezündet. Voller Schuldgefühle rief er Yvonne an, die noch auf dem Weg war, und bat sie, ihn abzuholen. Gemeinsam erschienen sie bei den Freunden. Die Kopfschmerzen waren verflogen, alles deutete auf einen harmonischen Abend hin. Yvonne sprach über ihre Neurodermitis und von ihrer Angst, dass die Cortison-Präparate ihren Körper vergifteten und einer Mutterschaft im Weg ständen. Moritz wusste nicht, wie ihm geschah: Er sagte, er wünsche sich eine kranke Frau, um das Thema Kinder los zu sein. Der Rest ist so schnell erzählt wie die Hochzeit abgesagt: Sie kamen ohne Kosten aus dem Vertrag mit der Location, eine andere Hochzeitsgesellschaft übernahm den Termin. Sie mussten nur die Einladungskarten, die Hochzeitsgarderobe und die Ringe bezahlen (den Goldwert bekamen sie erstattet). Yvonne versuchte das Brauthaus zu einer Rücknahme der Kleidung zu bewegen, aber da zeigte man sich hart. »Wir haben bereits die neue Kollektion im Laden«, sagte die Verkäuferin.

Verkäuferinnen von Brautfachgeschäften können seltsam sein. Wie sie einen anstarren, misstrauisch, als wäre man mit ungewaschenen Fingern vom McDonald's direkt in ihr Geschäft gelaufen, um sich an der Seide das Ketchup von den Fingern zu wischen. Es ist sicher nicht einfach, und auch nicht gut für den Charakter, den ganzen Tag Brautkleidern und ihrer besonderen Magie ausgesetzt zu sein. Auf Dauer sind die weißen Dinger, so traumhaft sie scheinen (bis sie bald nach dem großen Tag »Platz im Schrank wegnehmen« und man nicht mehr weiß, »wo man sie hinpacken soll«), mit ihrer terroristisch-romantischen Anspruchshaltung sehr belastend für das Gemüt.

Nicht jede Verkäuferin ist ständig so verliebt-verlobt-verheiratet, dass sie das seelisch stemmt. Aber wenn dann ein kleines Stimmchen, wie das von Yvonne, anruft und freundlich anfragt, ob man ein Kleid zurücknehmen würde – es sei garantiert noch ungetragen, verstehen Sie doch: Die Hochzeit ist geplatzt! –, dann darf sich jeder ausmalen, mit welcher Genugtuung eine Brautmoden-Verkäuferin die Worte sprechen kann: »Wir haben bereits die neue Kollektion im Laden.«

Das Wetter am Tag der geplanten Hochzeit war subtropisch, der Morgen war heiß und stickig und abends gab es sintflutartige Gewitter, die die ganze Nacht anhielten. Yvonne saß bei der Freundin auf dem Sofa und hörte zu, wie der Regen ihr Trost zusprach. Wasch alles ab, sag alles ab, du begossener Pudel. Es dauerte ein Jahr, bis Yvonne und Moritz sich aussprachen. Er hatte darum gebeten.

»Du hast es richtig gemacht«, sagte er. »Es war die beste Entscheidung. Ich hätte mich nicht getraut, sie zu fällen. Wir hätten falsch gelebt.«

Kurz danach traf er eine Frau, mit der er bis heute zusammen ist. Yvonne nimmt an, dass sie nicht von Babys träumt, aber genau weiß sie es nicht. Sie haben keinen Kontakt mehr, einmal im Jahr treffen sie sich auf dem Sommerfest gemeinsamer Freunde, aber da sprechen sie kaum miteinander. Er stellte seinen Hochzeitsanzug bei eBay Kleinanzeigen rein und wurde ihn schnell los. Yvonnes Hochzeitskleid ist immer noch dort zu finden. Alle paar Wochen verlängert sie die Anzeige, aber in den letzten sechs Monaten kam keine einzige Anfrage. Niemand will das Kleid haben. Ich riet ihr, den Text der Anzeige zu ändern, einen Teil zu streichen: »Größe laut Label ist 42, ich habe aber im normalen Alltag eine 38 und passe super rein.« Das verwirrt. Yvonne ist schlank, im Kleid steht eine französische Größe, die französische Konfektionsgröße 42 steht für die deutsche 38. Bei eBay Kleinanzeigen gibt es eine eigene Seite zu dem Thema, denn es ist nicht allgemein bekannt, dass französische und italienische Größen umgerechnet werden müssen. Aber wenn ich Yvonnes Anzeige anklicke, sehe ich, dass sie unverändert ist. All die Brautkleider, für die niemand mehr Platz hat, sammeln sich bei eBay Kleinanzeigen in der Kategorie Mode & Beauty > Damenbekleidung. 12 170 Hochzeitskleider werden deutschlandweit angeboten. Alle hatten ihren großen Auftritt, wurden »garantiert nur einmal getragen«, nur dieses eine Kleid nicht, Yvonnes geplatzter Traum, für den sie dankbar sein muss, sie hätte falsch gelebt.

Gute Freunde schenken sich nichts

Percys Anzeigen fallen auf. Er verkauft eine Altbauwohnung mitten in Berlin, dazu ein Sofa, Antiquitäten, Orientteppiche, Porzellan, Kleinkram, aber auch Fotografien, bis hin zu gedruckten wie handschriftlichen Dinner-Einladungen aus der Berliner Filmszene der Neunzigerjahre, die er auf diesem Weg loswerden möchte, dazu Fotografien und Autogramme von Filmstars, Sportlern und internationalen Künstlern wie Andy Warhol oder Werner Herzog; aber auch Briefe, Basteleien und Kritzeleien zeitgenössischer Regisseure, die ihm persönlich gewidmet sind. Er ist jünger, als man meint, er verkauft nicht den Hausstand eines langen Lebens, um ins Altersheim zu ziehen, seine Berliner Zeit ist zu Ende. Er kam Anfang der Neunzigerjahre nach Westberlin, um Film zu studieren, er schloss Freundschaften und kennt hier Hans und Franz. Aber mittlerweile scheint er keinen rechten Halt mehr in dieser Stadt zu finden, was auch damit zu tun haben könnte, dass die Freunde ihre Berufe fanden, Filmproduktionen, Galerien und Eventagenturen gründeten, Kinder bekamen, sich mit ihren Scheidungen und Segelbooten beschäftigen. Percy macht es anders, er lebt vergleichsweise sorglos, fotografiert, filmt und schreibt, und er ist, wenn man so will, Lebemann und Nachkomme von Beruf. Percy besitzt einen europäischen Adelsnamen mitsamt Familienwappen. Er war einmal ein ganz besonders schöner Jüngling, das erkennt man heute noch. Er ist leicht zu erschrecken, sagt einer: »Schnupfen!«, hält er das kaum aus. Hochsensibel und launisch veranlagt, zieht er bald ins Ausland, wo sein Freund lebt, ein Regierungsbeamter mit hohem Arbeitspensum. Percy ist extrem diskret, was seinen Partner angeht, aber man hört heraus, dass der sich wahnsinnig darüber freut, dass Percy die Berliner Wohnung endlich aufgibt. Ob er noch einen weiteren Grund haben könnte, sich zu freuen? Erhofft er sich, dass Percy in einer Kleinstadt ohne bedeutende Filmszene seine Launenhaftigkeit besser in den Griff bekommt? Dass die tägliche Gartenarbeit seelischen Ausgleich bringt? Percy fühlt sich in der deutschen Hauptstadt bedroht, von arabischen Jugendlichen in der U-Bahn, von Taxifahrern, von ruppigen Einheimischen, inkompetenten Ärzten, und es gibt tatsächlich Tage, an denen er die unangenehmsten Menschen magnetisch anzieht. In Zukunft möchte er in Berlin nur noch im Hotel wohnen. Doch zunächst muss er die Wohnung verkaufen, was sich über Monate hinzieht, mühsam ist, da er eine hohe Preiserwartung hat und solvente Käufer ausgerechnet bei eBay Kleinanzeigen sucht. Seine Geduld zahlt sich aus, und er findet jemanden, aber das spielt für diese Geschichte keine Rolle. Für diese Geschichte entscheidend ist der Versuch, sich durch ein so absurdes Medium wie eBay Kleinanzeigen von persönlichen Erinnerungsgegenständen und Geschenken aus der Zeit seines Studiums und der damals entstandenen Freundschaften zu trennen. Percy hätte die persönlich adressierten Briefe, Fotos und kleinen Kunstwerke seiner alten Freunde besser nicht auf einem ebenso anonymen wie banalen Markt angeboten. Denn jetzt rächt sich die Vergangenheit, und alte Freunde kehren als Phantome zurück und fragen ihn, wieso er nicht großzügiger sein kann.

Das erste Treffen mit Percy verlief sehr angenehm, auch wenn es zunächst schien, als hätte er keine besondere Geschichte zu erzählen. Ein Lebemann verkauft seine Wohnung, nichts weiter. Wir hielten Kontakt, und Percy meldete sich, wenn es eine absurde Kleinanzeigen-Korrespondenz voll kommunikativer Missverständnisse zu bestaunen gab oder Beispiele versuchter Gaunereien bezüglich seiner Orientteppiche und Antiquitäten. Eines Tages war er verstört. Eine Frau namens »Anna Brenner« hätte sich auf eine seiner Anzeigen gemeldet, sagte er, und ihn furchtbar beschimpft. Sie werfe ihm vor, dass seine großformatigen Katzen-Fotografien in Schwarz-Weiß, die er auf eBay Kleinanzeigen anbot, abgekupferte Werke eines gewissen Tierfotografen Hans Wernersen aus Rotenburg an der Wümme seien. Anna Brenner schickte ihm auch einen Link zu der eBay Kleinanzeige des Tierfotografen Hans Wernersen, wo Katzenbilder zu sehen waren, die Percys großformatigen Bildern verblüffend ähnelten. Die Hans-Wernersen-Anzeige lautete:

Neueste Arbeit »Im Zeichen der Katze« Eine Hans Wernersen Original
Preis: 1000 € VB
Hier biete ich meine neueste Fotoserie zum Verkauf. Es handelt sich um »Sessions« mit den verschiedensten Rassekatzen. Ich habe sehr hochwertiges Fotopapier benutzt und in meinem Labor selbst entwickelt. Dabei blieb ich bei dem Motto treu »Contemporary Cats for everybody«. Hier nutze ich die Chance und bedanke mich bei Frau Grube, die mir eine Katzen-Serie abgekauft hat. Ich wünsche Ihnen damit alles Gute.
Ein Zertifikat gibt es für jeden Käufer. Bitte beachten Sie, es

gibt einen Stümper, der scheinbar meine Arbeit kopiert und damit ebenfalls im Netz wirbt. Dieser unfähige Dieb hat aber meinen Meisterwerken kaum etwas entgegen zu bringen. Ich werde aus Protest seinen Namen nicht erwähnen. Die Bilder sind erhältlich auf Metall oder Glas aufgezogen in der Größe 50 x 45 cm. Bitte beachten, alles Handabzüge, limitierte Auflage. Nach Wunsch auch lieferbar.

Percy zeigte mir zum Vergleich seine Anzeige, die keine Rechtschreibfehler hatte und in der technischen Beschreibung kenntnisreicher war. Auf den Bildern sei das Wappen seiner Familie abgebildet und die Schlosskatzen seiner Tante, sagte Percy, und er zeigte mir das Pressematerial zu der Ausstellung »Aristo-Cats«, in der die Bilder zehn Jahre zuvor gezeigt worden waren. Es war offensichtlich, dass sich jemand einen Scherz erlaubte. Allein der Anzeigentext des Hans Wernersen, vollkommen Panne: »Sessions«! »Hochwertiges Fotopapier«! »Contemporary Cats for everybody«! »Verschiedenste Rassekatzen«! Eine Recherche ergab, dass es keinen Tierfotografen namens Hans Wernersen in Rotenburg an der Wümme gab. Die einzige Quelle für seine Existenz war die eBay Kleinanzeige. Auf meine Mails antwortete Hans Wernersen nicht, auch wenn ich ihn mit Geld, Lob und Kaufinteresse lockte. Fazit: Ein Scherzkeks hatte Percys Katzenbilder kopiert, mit etwas »Fotoshop für Everybody« verfremdet, sich als Hans Wernersen alias Anna Brenner bei eBay Kleinanzeigen angemeldet, um ihn schließlich auf den ganzen Unsinn hinzuweisen. Es war ein persönliches Süppchen, das hier gekocht wurde, jemand wollte Percy mal richtig ärgern. Und das gelang. Percy war außer sich. Er stürzte sich in eine Korrespondenz mit Anna Brenner, die jede Gelegenheit genüsslich wahrnahm, ihn zu demütigen: »Schämen Sie sich«, »Sie Stümper«, »Hans Wernersen dagegen ...«. Frau Brenner amüsierte sich anscheinend köstlich darüber, dass Percy sich alles so zu Herzen nahm. Doch was war das Motiv für diese Intrige? Wer war Anna Brenner bzw. Hans Wernersen? Wieso lief das Ganze ausgerechnet über eBay Kleinanzeigen? Wieso dieser schlechte Scherz? Plötzlich wurde Percy zu einem interessanten Fall, und ein genauer Blick auf seinen Strauß von Kleinanzeigen schien angebracht. Er hatte ja außerdem noch Uhren, Rattanmöbel und Neunzigerjahre-Filmposter eingestellt, die ihm die Anfragen komischer Leute einbrachten, die sich zur Besichtigung anmeldeten, aber nicht kamen. Dann entdeckte ich eine weitere Anzeige von ihm, ein Konvolut, bestehend aus Briefen, Fotografien, Zeichnungen und dem handsignierten Originaldrehbuch einer deutschen Filmregisseurin, Regula Drach, die ihren Debütfilm mit der amerikanischen Filmschauspielerin Gena Rowlands gedreht hatte und dafür zahlreiche Preise bekommen hatte. Der verlangte Preis »ab 8 Euro« war ein Witz. Um nicht zu sagen: eine Unverschämtheit. Künstler prüfen sicher regelmäßig, was im Internet über sie geschrieben steht, und diese Anzeige wäre sicher jeder stolzen Regisseurin ein Dorn im Auge:

Regula Drach diverse FOTOGRAFIEN und BRIEFE und ORIGINALDREHBUCH mit passender Korrespondenz und Widmungen für ihren Kollegen und Kommilitonen Percy Freiherr von Meyerinck, von der berühmten Regisseurin Regula Drach, die nun in Sansibar lebt und arbeitet. Fotos 25 x 25 und 57 x 42, diverse Zeichnungen, Originaldrehbuch mit handschriftlichen Notizen der Regisseurin, zusammen nach Gebot oder einzeln. Ab 8 Euro.

Percy erzählte, er hätte die Anzeige aufgegeben, nachdem er Regula Drach in Sansibar besucht hatte, wo sie seit einigen

Jahren lebt. Das Wiedersehen mit der Freundin sei so grauenhaft verlaufen, danach wollte er alles dringend los sein. Ob sich je ein Interessent gemeldet habe, wollte ich wissen.

Nein, sagte Percy, nur Regula Drach herself.

»Lieber Percy, bitte gib mir die Sachen, die ich dir geschenkt habe, zurück. Ich kann sie auch gerne von einem Kurier abholen lassen. Das kauft dir doch sowieso niemand ab. Ich hoffe sehr, dass es dir gut geht!!!!! Regula«

Er habe das nicht beantwortet.

Percy war nicht bereit, sich in Regula Drachs Position der mutmaßlich Gekränkten zu versetzen. Hätte er die Sachen nicht der Kinemathek anbieten können? Oder in einen Giftschrank stecken? Darauf ging er nicht ein. Dafür erzählte er die Geschichte von seiner Reise nach Sansibar. Eine schreckliche Reminiszenz, er bekam gleich einen Migräneanfall, der zu einem tagelangen Knock-out führte. Es wurde der reinste Eierlauf, bis ich alle Details erfahren hatte. Hinter der Idiotie um Hans Wernersens Katzenkopien steckte das Drama einer kaputten Freundschaft, eine unangenehme Sache, voller Kränkung, Aufrechnung und Verbitterung. Die Geschichte führt auf die Insel Sansibar, im Indischen Ozean vor der Küste Tansanias, berühmt für ihre Gewürze und Naturparadiese und für den Sänger Freddy Mercury von *Queen*, der da geboren wurde. Menschenhandel verbindet sich mit Sansibar, bis 1905 war die Insel ein Hauptumschlagplatz für den Handel mit versklavten Afrikanern. Von Sansibar aus wurden sie zu Hunderttausenden nach Brasilien und Nordamerika verschifft. Heute ist die Insel von religiösen Spannungen zersetzt, die Einheimischen sind arm und können am Rohstoffreichtum der Insel und an den Gewinnen des Tourismus nicht fair teilhaben. Was immer

Surfer und Reisende hier suchen, ob es die Begegnungen mit wildlebenden Riesenschildkröten oder die Ernte frischer Muskatnüsse und Vanilleschoten sind, sie reisen am Ende ihrer Ferien wieder ab. Regula Drach aber baute sich in der Altstadt von Stone-Town ein Haus mit einem begrünten Innenhof und einem kleinen Studio für ihre Film- und Fernseharbeiten. In ihrer Nachbarschaft leben einige Europäer und Amerikaner. Auf Sansibar wird Englisch und Suaheli gesprochen; auch Arabisch, Hindi und Urdu. Regula ist mit einem Einheimischen zusammen, den sie als Hilfskraft bei Dreharbeiten kennenlernte, er heißt Farrokh. Er ist jünger als Regula und trägt den gleichen Vornamen wie Freddy Mercury, als der noch ein Kind auf Sansibar war. Farrokh mag es aber nicht, wenn man ihn darauf anspricht, denn Freddy Mercury war ein Homosexueller, und Homosexualität ist auf Sansibar bei Strafe verboten. Farrokh kann Schwule außerdem nicht leiden. Er lebt in Regulas Haus, und seine verdrießlichen Schwestern halten sich auch ständig darin auf. In dieses Haus lud Regula ihren Freund Percy ein, nachdem sie einige Monate zuvor in Berlin war, um während der Berlinale einen Workshop zu leiten. Sie wohnte bei ihm und blieb wegen einer Grippe anderthalb Wochen länger als geplant. Er habe sich, sagte Percy, aufopfernd um sie gekümmert, ihre Taxigelder ausgelegt, Medikamente gebracht und ihre Lieblingsmarmelade gekauft, Aprikose. Dann sprach sie plötzlich von Kindern, dabei war sie ihm noch nie durch Kinderliebe aufgefallen. Im Gegenteil, sobald eine Freundin ein Kind bekam, wurde sie regularecht fallengelassen. Aber jetzt, mit Mitte vierzig, wünschte sie sich ein Kind mit Farrokh. Percy wunderte das, schließlich hätten zwei ihrer Haustiere Selbstmord begangen, lästerte er, die Chinchilla sei aus dem Fenster gesprungen und die Schildkröte habe sich aus Protest zu Tode gehungert. Wirklich böse, solche Gerüchte.

Aber er beschrieb auch eine andere Seite von Regula, ihren großen Charme. Sie war lustig, schnodderig, und das imponierte ihm von Anfang an. Sie hätte sich schon immer genommen, was sie wolle, sagte er, seine Kameras und Schnittpultzeiten zum Beispiel, als sie sich in der Hochschule kennenlernten. Sie gehörte zur Clique um den verstorbenen Produzenten Gerd Reichenhall, der vor einigen Jahren in einem Hotel mit 45 Jahren gestorben ist, der arme Hund. Laut Percy sei Gerd ein lieber Kerl gewesen, hochgradig verdrogt, multitoxisch, tuntig, aidskrank, aber jede Minute mit ihm sei herrlich gewesen, wenn auch das Koks arg gestreckt war und jede Kritik daran tabu. Wie kommen wir jetzt auf Gerd? Weil auf einer Zeichnung, die Percy bei eBay Kleinanzeigen anbot, die ganze Clique zu sehen ist, von Regula mit schwarzem Filzstift porträtiert: Der schlanke Percy und Gerd, mit seinem auffälligen Bollerkopf, alle sind sie in Umarmung. Daneben ein Münchner Schauspieler im Matrosenhemd und davor, kleiner als in Wirklichkeit, Darling Regula. Die Clique sieht aus, als käme sie direkt aus Fassbinders *Querelle*. Gruppenbild mit Katze. Alle haben sie Sternenäuglein, kolossal high.

Percy solle nach Sansibar kommen, hatte Regula gefordert. Sie versprach ihm Ausflüge ins Schildkrötenparadies und nach Mkokotoni, dem Zentrum an der Nordspitze, wo sie einen verrückten Holländer kenne, der ein Bananenbier braue, das man einmal im Leben getrunken haben muss. Sie habe jetzt ein Auto, einen alten Golf, man könne viel unternehmen. Er buchte den Flug, doch dann war es ihr plötzlich nicht mehr recht, dass er Anfang Oktober kam, er solle den Flug verschieben. Percy hatte aber keine Lust, den Flug zu stornieren, und geimpft war er auch schon, also flog er und ließ sich umständlich von Sansibar aus auf das Festland von Tansania bringen. Er hatte kurzfristig eine fünftägige Safari gebucht und sich einen Expeditionsanzug samt Joseph-Beuys-Weste mit aufgenähten Taschen für Mückenspray und Chlortabletten gekauft. Er hatte Regula über seine Pläne informiert und eine knappe Antwort bekommen. Die Safari war ein seltsames Erlebnis, er, ein junger Witwer und ein Schweizer Pärchen waren die einzigen Teilnehmer, die Guides waren nett und lachten viel, manchmal zu viel. Percy zeichnete und fotografierte, aber die Eindrücke waren schwer zu verarbeiten, sein Tagebuch füllte sich mit biblischen Zitaten, den Hinterteilen von Wildtieren und den Porträts der Guides. An eine Kinderbibel erinnerte das fast, die Ngorogoro-Ebene als Schauplatz der Schöpfung, und Gott schuf die Tiere und alles Gewürm, riesige Insekten nicht zu vergessen. Jeden Mittag fuhr die Gruppe eine Lodge an, es gab frischen Tee und gutes Essen und nachmittags die Pirschfahrt zu den Big Five – Büffel, Elefant, Löwe, Nashorn und Leopard. Als er am Ende der Safari seine Mails prüfte und keine Nachricht von Regula fand, dehnte er den Aufenthalt auf dem Festland aus und quartierte sich in einem Beach Resort an der Küste gegenüber von Sansibar ein. Er genoss die Tage am türkisblauem Meer, aber was war los in Sansibar? Nach einigen Tagen endlich ihre Nachricht: Sie schickte die Fährverbindungen und die genaue Adresse ihres Hauses inmitten der Altstadt von Stone-Town (Zanzibar City). Sie wollte ihn abholen, aber Percy sagte, er käme direkt zu ihr, schließlich könne er ja Stadtpläne lesen. Er packte den Rucksack, checkte aus, ließ sich übersetzen und kaufte als Erstes an einem Marktstand nah des Hafens eine blühende Pflanze. Mit dem eingetopften Paradiesbäumchen im Arm machte er sich auf den Weg durch die verschlungene Altstadt. Er rechnete mit höchstens fünfzehn Minuten Fußweg. Aber die Gassen waren so eng, dass kaum zwei Menschen aneinander vorbeikamen. Später verjüngten sie sich derart, dass er sich durchzwängen musste. Die früheren Bewohner von Stone-Town trieben auf diese Weise die Piraten in die Enge. Und jetzt ihn. Percy wirkte mit seinem Bäumchen wie ein bunter Hund, bald schlossen sich ihm ein Haufen Jungen an, die riefen: »What's your plan?« – »What's your plan?« – »What's your plan?« Es war brüllend heiß und seine Wasserflasche leer. Er bekam Panik. Irgendwo in der Nähe musste ihr Haus doch sein. »Regula?! Regula?!«, rief er laut. Da ging eine braungestrichene Eisentür auf, dahinter stand eine stirnrunzelnde Regula, die Percy missbilligend ansah. Wütend beschimpfte sie die Jungen, bis die wegrannten. Regulas Haus entschädigte Percy augenblicklich für die Strapaze. Der Innenhof war blühend bepflanzt, die Steinplatten frisch gewässert, und der Dunst brachte ihm Kühlung. Er setzte sich. Auffällig viele Ginflaschen standen entlang der Hofmauer. Regula erklärte, sie habe für eine Berliner Destillerie einen Werbefilm für Gin gedreht. Die Flaschen seien leer nach Sansibar geliefert worden, sie habe sie für die Aufnahmen mit Wasser gefüllt. Schade, sagte Percy. Sie zuckte mit den Schultern, sie trinke keinen Alkohol mehr. Dann verschwand sie in der Küche, wo sie mit ihrer Schwägerin stritt. Sie sprach schon so gut Arabisch, dass sie streiten konnte, wenn auch nur in Phrasen. Es klang wie »annabuttlik, annabuttlik«. Wer ist Anna Buttlik, fragte Percy später, und Regula lachte und sagte, ihre Schwägerin habe mal wieder Geld verlangt. Annabuttlik bedeute »Ich habe gesagt!« Scherzhaft nannte er sie immer wieder Anna Buttlik. Percys Zimmer war ein moosgrün gestrichener Raum, der, wenn keine zahlenden Gäste ihn belegten, Farrokh zum Beten diente oder zum Fernsehen mit seinen Freunden. »Ich vermiete den Raum normalerweise an Touristen, aber du bist natürlich eingeladen«, sagte sie.

»Was, du vermietest? Das Geld nimmst du auch noch mit?«

Da schaute sie vergrätzt. Sie brachte Handtücher; zum Zimmer gehörte ein kleines Bad. Sie sah ihm beim Auspacken zu. Er hatte eine blaue Kaschmirjacke dabei, warm und leicht, die ein Vermögen gekostet hatte. Auf der Safari hatte sie ihm gute Dienste geleistet, aber auf Sansibar würde er sie nicht brauchen. Es gibt nur zwei Jahreszeiten auf Sansibar, sagt man: erst heiß, dann feucht. Regula nahm die Jacke in die Hand, strich über die schöne Wolle und hatte sie plötzlich übergestreift. Dann führte sie ihn durch das Haus, vom Dach mit den Sonnensegeln bis zur Küche mit der Schwägerin, die ihn wütend anstarrte, als hätte er etwas verbrochen. Er hätte gerne ihr Studio gesehen, aber da kam Farrokh, und Regula brach die Besichtigung ab. In Percys Schilderungen ist Farrokh als Mensch überhaupt nicht präsent, er wird einseitig als Hindernis und Last beschrieben. Farrokh verachte Regulas Arbeit, sagt Percy, obwohl er und seine Familie davon lebten. Und wenn es Streit zwischen dem Paar gab, dann brach Farrokh in ihr Studio ein und wütete darin herum, um sich wieder als Mann fühlen zu können. Dabei zerstört er auch ihre Arbeit, mit der sie, als Einzige im ganzen Clan, richtig Geld verdient. Aber Regula arrangierte sich. Percy dagegen nannte es »Unterwerfung«, wenn Farrokh ihr verbot, kurzärmelige T-Shirts oder Röcke zu tragen. Und weil Percy mit ansehen musste, wie die einstige Kumpanin des legendären Gerd Reichenhall sich einem kleinkarierten arabischen Mann unterordnete, der von Gelegenheitsjobs lebte, strafte Regula ihn ab. Es gab keine Ausflüge, nichts von dem, was sie versprochen hatte. Kein Bananenbier, kein Trip zu den Riesenschildkröten, kein gemeinsamer Basarbesuch. Ihren alten Golf bekam er nicht ein einziges Mal zu sehen. Alles, was er unternahm, plante er alleine, aber das tat er unverdrossen. Jeden Tag nahm er sich etwas vor, ein Tagestrip auf den Spuren der Sklavenhändler; die große Gewürztour, die zu verschiedenen Farmen führte. Stundenlang zeichnete und schrieb er am Strand. In seinem Tagebuch hielt er auch das ständige Gefühl von Bedrohung fest. Mitten im Paradies fühlte er sich umgeben von bedrohlichen Blicken, mangelnder Hygiene und Touristennepp. Wollte er abends Regulas Computer benützen, schickte sie ihn ins Internetcafé. Seine Kaschmirjacke schien sie rund um die Uhr zu benötigen, aber auch das machte sie nicht wohlwollender.

»Du hast doch Geld, kauf dir eine Jacke im Basar und unterstütz die lokale Wirtschaft.« Das liebt er nicht, wenn jemand sagt: »Du hast doch Geld.«

Regula sprach dauernd von Geld, von ihren Projekten, die nicht gefördert wurden, von Sendern, die Aufträge annulliert hätten, von Redakteuren, die ihre Drehbücher nicht lasen. Percy bemerkte nicht, dass sie heischte. Percy finanzierte Filme, nicht im großen Maßstab, aber er besaß als stiller Teilhaber Anteile an einer kleinen Filmproduktion, mit dessen Hilfe sie theoretisch Projekte zur Förderung einreichen oder bei Sendern vorstellen könnte. Doch Regula gegenüber benahm er sich seltsam ignorant. Er verweigerte ihr die gebührende Anerkennung. Sie war schließlich Filmemacherin geworden – er nicht. Dafür besaß er ein kleines Vermögen und konnte es – verdammt nochmal – investieren, um ihre Projekte anzustoßen. Die Filmförderung würde ihm später sowieso alles zurückzahlen. Warum gab er sein Geld nur für Safaris, Tagestouren und Kaschmirjacken aus, wenn auf dieser Insel wunderbare Projekte entstehen könnten? In einem Roman hätte man die Konflikte anhand kleiner, feiner Sticheleien ausarbeiten können, aber hier, an diesem Gefrierpunkt alter Freundschaft, gab es keine Szenen mehr. Sie gingen arschfreundlich miteinander um, das war brutal. Ihre Freundschaft war bisher immer von Schonungslosigkeit geprägt. Auf Sansibar galt das nicht mehr. Sie spielten freundlich. Weil Percy seine Freundin nicht als Filmemacherin achtete. Doch im Gegensatz zu ihm und vielen anderen Studienfreunden, arbeitete Regula Drach an ihrem Werk, und auch ihre neue Lebensweise, an der Seite eines muslimischen Mannes, hielt nun darin Einzug. Sie hatte etwas über Menschen zu sagen, über das Heraustreten aus dem Bekannten, über die Kraft der körperlichen Präsenz. Ihr letzter Film zeigt eine Unabhängigkeit und Neugier, die sich in Percys Reisebericht nicht finden. Aber Percy versteift sich darauf, dass Regulas große Zeit vorbei sei. Dass sie Geld benötigte, um wieder durchzustarten, kam ihm nicht in den Sinn. Er sah nicht, welche Kämpfe sie auszufechten hatte. Farrokhs Sippe wusste, dass Regulas Berliner Freund homosexuell war, deshalb die Blicke, man hielt ihn für ansteckend. Diese affektive Schwulenfeindlichkeit lässt sich erklären, wenn auch nicht entschuldigen: Sansibar erlebte in den Neunzigerjahren ein furchtbares Elend mit Aids, die Seuche rottete ganze Familien aus, was bei der unaufgeklärten Bevölkerung zu einer ausgeprägten abergläubischen Reaktion führte. Regula hatte Farrokhs Familie auch erzählt, dass Percy vermögend war. Das weckte Erwartungen. Seine ursprünglich geplante Ankunft aber hatte sie verschoben, um Touristen zu beherbergen, für sie eine sichere Einnahmequelle. Dass Percy die Zeit durch eine teure Safari in Tansania überbrückte, ärgerte sie. Als er sich mehr für den Internetzugang in ihrem Studio als für ihre Filmideen interessierte, folgte die Bestrafung: kein warmes Essen, keine Ausflüge, kein Bananenbier. Wenn sich Geiz zwischen alten Freunden einnistet und keiner dem anderen die Eigenheiten und Fehler nachsehen will, dann wird auch der Sauerstoff knapp.

So kam es auch, dass Percy fast erstickte. Nach einem langen Ausflug fand er bei der Rückkehr einen Schemel vor seinem

Zimmer, darauf eine Notiz: »Lieber Percy, ich bitte dich, heute im Salon zu übernachten, wir haben kurzfristig Übernachtungsgäste bekommen. Dein Bett steht schon bereit. Süße Träume!« Darunter eine expressive Krakelzeichnung, die er sich nicht weiter ansah. Er schlief im Salon im obersten Stock. Den nächsten Tag verbrachte er im Innenhof und ruhte sich aus. Mit Regula sprach er wenig, sie musste für eine Familienfeier von Farrokh einkaufen und kochen. »Anna Buttlik, Anna Buttlik«, neckte er sie, und sie lachte über den neuen Spitznamen. Am Abend bat er sie, etwas gegen die Mücken zu unternehmen, die durch den Salon schwirrten. Sie brachte ihm eine Schale glühender Kohlen. Auf den Kohlen lagen getrocknete Kräuter, die weiß vor sich hin dampften. Das machen die Einheimischen so, sagte sie, um die Mücken zu vertreiben, als er fragte, ob das nicht ein bisschen gefährlich sei, mit dem Rauch. Die Kohlen seien bereits durchgeglüht. Sie schloss die Fenster, wünschte ihm eine gute Nacht und zog die Tür fest hinter sich zu. Am nächsten Morgen lag er bibbernd und mit höllischen Kopfschmerzen auf den Steinfliesen im Bad. Mehrmals musste er sich übergeben. Er erinnerte sich daran, dass er in der Nacht aufgestanden war, um Wasser zu trinken. Das war wohl seine Rettung, denn das Fenster im Bad war einen Spalt offen. Mühsam schleppte er sich zu Regula in die Küche. »Mir ist so schlecht«, klagte er, hoffend, dass sie einen Arzt holen oder ihn ins Krankenhaus fahren würde. »Das ist Afrika«, meinte sie nur. Was weißt du von Afrika, dachte er. Seinen Tee musste er sich selbst kochen. Das Wasser selbst holen. Seine Strickjacke hätte er jetzt gerne zurückgehabt, er zitterte. Man behandelte ihn wie einen Aussätzigen, mied ihn und dichtete ihm eine mysteriöse Krankheit an. Bis zur Abreise verkroch er sich. Er hatte alle Anzeichen einer Kohlenmonoxidvergiftung, die durch Regulas verantwortungsloses Handeln hervorgerufen worden war.

Er konnte froh sein, überlebt zu haben. Kohlenmonoxid führt schnell zum Tod, die Opfer merken es nicht einmal. Er hätte gleich am nächsten Tag eine ärztliche Behandlung mit Sauerstoff benötigt. Vergiftungen durch Kohlenmonoxid können auch Monate später noch zu lebensbedrohlichen Zuständen führen, zu Herzstillstand, Desorientierung, Lungenversagen, Gedächtnisstörungen, Lähmungen, sogar Psychosen. Seit dieser Vergiftung, die ihm später in Berlin diagnostiziert wurde, ist Percys Gesundheit angegriffen, er ist nicht mehr der Percy von früher. Im darauf folgenden Jahr war er mit Arztbesuchen beschäftigt, er bekam Mumps, Herpes Zoster, litt an Fuß- und Gelenkschmerzen. Er schwor dem Alkohol ab, wurde ängstlich und empfindlich und traf die Entscheidung, die Berliner Wohnung zu verkaufen und zu seinem Partner zu ziehen. Deshalb sortierte er seinen Besitz, seine Fotografien und Erinnerungsstücke aus der Studienzeit, und stellte dutzende Anzeigen bei eBay Kleinanzeigen rein. Die Katzenbilder mit Familienwappen, Fotos von Brigitte Mira und Polaroids von Pedro Almodóvar und dazu all die Sachen, die er von Regula Drach besaß. Darunter auch die mit einer Krakelzeichnung versehene Notiz aus Sansibar. Ein Jahr nach Sansibar meldete sich Regula Drach über eBay Kleinanzeigen und forderte Percy auf, ihr das Drehbuch, die Briefe und Zeichnungen zurückzugeben. Er ging nicht darauf ein. Die Anzeige verlängerte er ein ums andere Mal, aber es gab keinen Interessenten für das Regula-Drach-Konvolut.

Nachdem er mir alles erzählt hatte, schauten wir uns ihre Notiz mit der Krakelzeichnung nochmal einmal genauer an. Sie hatte eine Katze und eine konturlose, liegende Figur gezeichnet. Über dem Kopf der Figur schwebten Sternchen, seltsame Kügelchen und aufsteigende Rauchzeichen. Ein interessantes Bild. »Der Mensch da am Boden, das sollst wohl du sein?

Und die Kugeln, sind das die glühenden Kohlen, aus denen Rauch aufsteigt?«

»Ja«, meinte Percy erstaunt. Er wurde blass. Regula hatte dieses Krakelbild schon 24 Stunden bevor sie ihm die Kohlenschale ins Zimmer trug gezeichnet.

Als die fiktive Anna Brenner sich wieder einmal bei ihm meldete, um ihn und seine Katzenfotos als Stümperei zu verhöhnen, schrieb er zurück: »Sie scheinen eine große Tierliebhaberin zu sein, Frau Anna Buttlik«!

Das Stammeln der Wahrsagerin

Bücher zu schreiben erschien mir, als ich noch lernen musste, wie das eigentlich geht, mehr wie ein Zurückschauen zu sein. Ich stellte mir vor, dass das Buch, das ich schreiben wollte, in der Zukunft und bereits fertig auf einem Tisch in einem fernen Raum lag, und ich musste mich nur noch daran erinnern. Heute fällt es mir schwer, so zu denken, aber einen Blick in die Zukunft meines Buches über Privatverkäufe bei eBay Kleinanzeigen wollte ich doch werfen. Das Manuskript war noch nicht zur Hälfte fertig, da sollte es eine Wahrsagerei bekommen, und natürlich von einer echten Wahrsagerin von eBay Kleinanzeigen, Suchgebiet Berlin. Wahrsagerei hat keinen guten Ruf mehr, sie galt zuletzt als Spleen von Diktatoren und unglücklich verliebten Frauen, aber in der Frühgeschichte kam ihr eine wichtige Rolle zu. Für die absolut Mächtigen, für diejenigen, die durch nichts und niemanden kontrolliert wurden, bot die Wahrsagerei die Chance des Innehaltens; durch das Lesen in Tierkadavern oder Sternenkonstellationen konnte ein Herrscher sich einem abweichenden Handlungsvorschlag unterordnen und von seinen Plänen abkehren. Nicht, dass ich mich von meinem Plan abkehren wollte, ich hatte ja auch einen Vertrag zu erfüllen, aber dieses eBay-Projekt wurde seelisch immer aufwühlender. Ich musste den Menschen, die ich durch ihre Kleinanzeigen traf, möglichst nahetreten, wenn auch nur in Gedanken, in Worten, in einer Haltung. Und dann traten sie mir nahe. Diese Notwendigkeit zur inneren Nähe ging weit über meine natürliche Neugierde hinaus, und das belastete mich oft, aber es schien, als führte kein Weg daran vorbei. Vielleicht hätte eine Wahrsagung da einen hilfreichen Tipp für mich? In der Rubrik »Sonstige Dienstleistungen« boten mehrere Zukunftsdeuter ihre Dienste an. Ich konnte wählen zwischen Heilen durch Handauflegen, Ratschläge von den Engeln, Übermittlung himmlischer Nachrichten, Heilfühlen, Feng-Shui in den eigenen Wohnräumen, diplompsychologische Lebensberatung und Horoskopie. Ich fand Anna, die seit 25 Jahren in ihrem Freundeskreis Tarotkarten legt und sich erst kürzlich entschied, ihre Dienste auch kommerziell anzubieten. »Persönlicher Blick in Ihre Zukunft« überschrieb sie ihre Anzeige. Sie sei Hochschuldozentin für Deutsch als Fremdsprache, erfuhr ich am Telefon, und aus ihren Worten schloss ich, dass sie ein intelligenter und auch sympathischer Mensch war. Am vereinbarten Tag fuhr ich nach Berlin-Friedenau, wo sie in einer 3-Zimmer-Altbauwohnung mit einem Teenager lebt, der in der Schule war. Wir hatten vorab eine Sitzung von 90 Minuten zu 45 Euro vereinbart. Es war ein sonderbares Gefeilsche um Minuten und Euro gewesen. Die Zukunft kostete Geld, so viel wurde klar, aber dass die Wahrsagerin einen Sohn zu versorgen hatte und einen prekären Job im akademischen Mittelbau besaß, wurde mir erst beim Betreten ihrer Wohnung klar. Plötzlich verstand ich, wieso Jahrmarktswahrsagerinnen sich hinter Tüchern, grellem Make-up, Goldflitter, Federn und gefärbtem Glas verstecken. Diese Requisiten verwirren den Blick, lassen die soziale Realität vergessen und verhindern, dass die Wahrsagerin selbst gelesen wird. Anna führte mich in das Wohnzimmer, es war hell, es gab Pflanzen, Holzmöbel im Chipperfield-Stil, ein Biedermeiersofa mit roten Kissen und auf dem Parkett lagen prächtige Orientteppiche. Die Einrichtung gab dem Zimmer eine freudianische Note, die ich für diesen Zweck sehr passend fand. Wir setzten uns an den Tisch und rückten eng zusammen. Sie zeigte mir ihr Kartendeck, das Motherpeace, das eine runde Form besaß und aus der amerikanischen Flower-Power-Bewegung kam, es zeigte in seiner Motivik viele Hippies, nackte Brüste, lange Haare, indianische Zeichen, Pflanzen und Tiere. Anna sagte, sie bevorzuge das Motherpeace gegenüber dem gebräuchlicheren Rider-Waite-Tarot, das mit seinen mittelalterlichen Motiven ihr zu martialisch sei; die eisernen Schwerter und höfischen Hierarchien hätten keinen Bezug mehr zu unserer Gegenwart. Ich mochte das Motherpeace sofort, es erinnerte mich an die Cover der zwei besten Stevie Wonder Platten, an »Songs in The Key Of Life« und »Innervisions«. Man hatte mir zuletzt vor 25 Jahren die Tarotkarten gelegt, erzählte ich ihr, ich war blutjung und mit einer Jugendgruppe in Südfrankreich zelten. Damals war das Psychobohren allgemein sehr beliebt gewesen, jeder habe in den Gefühlen und Schmerzen der anderen herumgewühlt. »Stell mal 'ne Problemkerze auf und koch einen Gurkentee« nannten wir das ironisch. Trotzdem ließ ich mich darauf ein, dass mir am Lagerfeuer die Karten gelegt wurden. In der kalten Yuppiezeit der Achtziger gab es viele arme Würstchen, die sich an den Schmerzen anderer Leute wärmten. Ich hätte damals sehr viel weinen müssen, sagte ich, denn ich hatte Probleme mit meinem Vater, ihm gefiel nicht, wie ich bei meiner Mutter aufwuchs, mir gefiel seine Erziehung aber auch nicht viel besser, und dann gab es eine Gerichtsverhandlung über das Sorgerecht, und ich zog während der Zeltreise ausgerechnet den schwarzen Ritter, den Tod, und da am Lagerfeuer sei alles aus mir herausgebrochen, jeder nahm mich in den Arm und weinte mit mir, und seither hätte ich nie wieder ein Tarot anfassen können. Anna vertiefte das Erlebnis dankenswerterweise nicht. Ich hatte sie vorab gebeten, mich in die Grundzüge des Tarots einzuweihen, denn eigentlich wusste ich nichts darüber. Sie zeigte mir ein einfaches Muster, aus vier Karten bestehend, damit könnte ich mir zuhause die Karten legen: 1. Karte: Das ist da. 2. Karte: Das kommt auf dich zu. 3. Karte: Das unterstützt dich. 4. Karte: Dazu führt es.

»Aber heute werden wir acht Karten ziehen«, sagte sie, »und ich werde dich durch die Interpretation begleiten.« Es ging los. Anna kannte meine Fragestellung nicht genau, sie wusste durch das Vorgespräch, dass ich an einem Buch arbeitete und auf der Suche nach Geschichten war und dabei Zweifel empfand. Sie forderte mich auf, meine Fragen innerlich zu bewegen. Ich mischte die runden Karten, und Anna breitete sie wie einen Fächer vor mir aus. Das Buch, das Buch, dachte ich wohl, bringt es mir Glück, macht es mich reich, was man so denkt. Dann dachte ich an die Leute bei ebay Kleinanzeigen, Leute wie Anna, die fremde Leute in ihre Wohnung lassen, um ihnen ihre Dienste anzubieten oder gebrauchte Sachen zu verkaufen. Die ausmisten, aber nichts wegschmeißen können, nicht einmal ihren Müll, ihre kaputten Möbel, ihre abgetragenen Kleider. Geizhälse, die einen beschimpfen, sobald man versucht, mit ihnen zu handeln, aber auch Mütter, die für wenig Geld die zu klein gewordenen Klamotten ihrer Kinder verkaufen müssen und dringend eine dickere Finanzspritze bräuchten. Ich dachte an die alte Dame, die im vierten Stock ohne Aufzug mit drei Katzen lebte, und wie mein Blick auf einem räudigen Teil ihrer Einrichtung hängen blieb, die sie in ihrer Anzeige so schön angepriesen hatte, und wie erschrocken ich war, weil ich wieder einmal einem Menschen sein Geheimnis nahm. Ich wurde bei diesem Projekt auch zu einer Art Klarseherin, ich traf trauernde, rachsüchtige, interessante, großartige, einsame Menschen, Berlinerinnen und Berliner, Zugezogene und Durchreisende, und ich musste schnell erfassen oder erfühlen, ob es eine Geschichte zu holen gab. Für das unfertige Buch. Mit Verlagsvertrag. Es liegt in der Zukunft, auf einem Tisch in einem fernen Raum. Bekommt es ein vernünftiges Cover? Einen guten Titel? Der Titel war noch ein Problem. Uns fiel keiner ein. Mir nicht, meiner Agentin nicht. Und der von der Lektorin vorgeschlagene Titel gefiel mir gar nicht: »Brautkleid, garantiert ungetragen«, nein, so bitte nicht. Der Veröffentlichungstermin wurde bereits verschoben. Ohne Titel keine Ankündigung in der Programmvorschau. So ist das mit Büchern, die unter Vertrag stehen, aber noch nicht geschrieben sind, es gibt so viele Projektionen, Möglichkeiten, Unsicherheiten. Ich zog die erste Karte, sie hieß: Zwei Schwerter. Eine Frau steht auf einem Bein, sie hält zwei Federn in der Hand, mit denen sie in der Luft das Zeichen für Unendlichkeit schreibt, eine 8, nur quer gelegt. Neben ihr steht ein Storch. Anna sagte, die Karte zeigt, dass hier jemand Gleichgewicht herstellen und herausfinden will, was er möchte, es geht um den Geist. Okay, so weit war ich ja bereits. Schön, dass die Karten mich bestätigten. Würden Annas Mitteilungen derartig schlicht weitergehen?

Die nächste Karte zeigte einen Wassermann und eine Wasserfrau, die mit ihren Kelchen miteinander anstoßen, zwischen ihnen lag der Nachthimmel. »Man denkt bei dieser Karte sofort an eine Begegnung, an eine Affäre«, sagt Anna, »aber zur Affäre gehören drei Kelche. Zwei Kelche stehen für Festigkeit und Treue.«

Schade, wollte ich fast sagen, eine Affäre wäre eine Überraschung, aber sexuelle Spannungen oder besonders anziehende eBay Kleinanzeigen-Verkäufer hatte ich bislang noch nicht erlebt. Dabei ist die Situation prädestiniert für Intimität. Manche Leute führen einen sofort ins Schlafzimmer, um ihre Klamotten, den Heimtrainer oder die Yucca-Palme zu präsentieren. Bei vielen Verkäufern hätte ich am liebsten die Fenster aufgerissen und die Enge rausgelassen, die schlechte Luft, die Lügen und das aufgereihte Sortiment neuer Sneakers zum halben Preis, das sie sich jobbend bei Adidas, Görtz oder Zalando zusammengeklaut hatten. Natürlich verdächtigt man die Leute, wenn sie stumm bleiben und ihr Warensortiment nicht erklären.

Ich dachte an den Mann mit der großen Sammlung australischer Bumerangs und südamerikanischer Indiodecken, der nach vierzig Jahren aus Berlin wegziehen wollte und alles verkaufte, was er auf seinen Reisen gesammelt hatte. Dahinter steckte sicher eine große Geschichte, aber er lebte inmitten dichtester Räucherstäbchen-Schwaden, die mich vertrieben.

Anna fragte, was mir zu der Karte einfiel. »Sie bedeutet, dass meine Idee trägt«, sagte ich, »und dass ich mich auf meine Methode verlassen kann.«

Meine Methode? Die Methode bestand oft darin, unter Vortäuschung einer Kaufabsicht in die Wohnung von Privatverkäufern zu gehen und sie zum Sprechen zu bringen. Manchmal musste ich mir selbst die Kaufabsicht vortäuschen, oder ich kam mit einer schrecklichen Bratpfanne, aber ohne nennenswerte Geschichte nach Hause zurück. Natürlich versuchte ich es auch ehrlich, schrieb die Leute an, die eine auffällige Anzeige geschaltet hatten, und fragte sie, ob sie sich von mir interviewen lassen wollten. Da bekam ich aber nur selten eine Antwort, und die wenigen waren meist Absagen. So würde ich nicht vom Fleck kommen.

Die nächste Karte, die ich zog, war eine Trumpfkarte – die Gerechtigkeit –, aber das Idyll darauf erschreckte mich: Unter einem Wasserfall versammelten sich drei Schicksalsgöttinnen, drei Nornen mit einem Hirsch.

»Viele Menschen denken, wenn sie in eine Sache viel Energie stecken, dann wird sie auch Erfolg haben. Aber alles hat seine Zeit. Die drei Nornen spinnen den Faden, sie wickeln den Faden und sie schneiden ihn ab. Und das Leben plätschert weiter vor sich hin«, sagte Anna. »Aber das ist eine Binsenweisheit«, sagte ich, und Anna stimmte mir zu. »Aber Geschäftsleute und Karrieristen haben mit dieser Karte die Chance, sich vom Erfolgsdruck zu befreien«, sagte sie.

Benötigte ich eine Befreiung vom Erfolgsdruck? Ich glaubte nicht mehr an den gerechten Erfolg, nicht auf dem Buchmarkt. Aber alle Fragen des Buchverkaufs und der eigenen Karriere beschäftigten mich gerade nicht, ich kämpfte noch mit der Schwierigkeit, über die Kleinanzeigen ausreichend interessante Geschichten zu finden. Dazu brauchte es Nähe, aber Nähe konnte so tückisch sein und höllisch anstrengend. Für die meisten Geschichten änderte ich die Namen der Personen und veränderte außerdem einige Koordinaten, damit man sie später nicht nachverfolgen konnte. Aber was sollte ich machen, wenn jemand auf die Nennung des echten Namens bestand, weil der oder die sich Aufmerksamkeit davon versprach. Dann mussten deutliche Worte fallen. »Bitte verstehe doch, ich interpretiere und werte diese Ereignisse aus deinem Leben, aber ich bin nicht deine Pressesprecherin, es könnte dir am Ende nicht gefallen, was ich über dich schreibe.« Ich zog die vierte Karte, auf ihr war ein großes Gewimmel, zehn Kelche und eine Stadt am See, viele Menschen mit erhobenen Armen, über ihnen ein Regenbogen.

»Das ist eine schöne Karte«, sagte Anna. »Es geht um das Gelingen. In der Wüste gibt es Wasser, man ist Teil eines großen Ganzen und erlebt einen Höhepunkt. Ein Zyklus geht zu Ende.«

Da kam mir der tröstliche Gedanke, dass ich in Zukunft diese Art Geschichten nicht mehr schreiben würde. Nach dem vorherigen Buch *Die Gespenster von Berlin* hat mich die Methode, mündliche Erzählungen zu recherchieren und zu literarisieren, noch begeistert, aber jetzt wurde ich zunehmend müde, in fremder Leute Leben und Hausrat zu stochern. Ich hatte viele unangenehme und schreckliche Gefühle auszuhalten, von denen ich aber wusste, dass diese Leute sie tagtäglich lebten. Die Mutter mit dem toten Sohn. Die Frau, die ihre Hochzeit absagen musste, die zerstörte Freundschaft, die sich als glühende Feindschaft in einer kindlichen Posse auf dem Kleinanzeigenmarkt spiegelte. Auch unscheinbare Ereignisse gaben Stoff für eine Geschichte. Drei Tage lang war ich auf der Suche nach dem Designer eines alten grünen Sofas, das jemand verschenken wollte, ohne den Namen des Designers zu kennen. Ich musste mich total hineinsteigern in diese Frage, bis zur Selbstaufgabe, bis ich das Rätsel lösen und die Geschichte schreiben konnte. Es war beängstigend, schien dumm, aber es gab mir einen Kick.

Die fünfte Karte hieß »die zehn Stäbe« und zeigte zehn nackte Frauen, die miteinander tanzten. »Die Karte steht für feurige Energie«, sagte Anna. »Das kommt auf dich zu.«

Wir assoziierten gemeinsam. Zehn Stäbe ließen mich an zehn Finger denken, an das Schreiben auf der Tastatur. Einen feurigen Tanz würde ich mein Zweifingersystem nicht nennen. Vor allem die Angewohnheit, jeden Satz sofort zu prüfen, Teile zu löschen und immer sofort zu verbessern, diente nicht der Entfesselung des Textes, eher der Entwicklung von Gedanken. Stotternd langsam, so war mein Schreiben oft. Ein feuriger Tanz auf der Tastatur dagegen, ra-ta-ta-ta, das wäre der absolute Traum.

Die sechste Karte zeigte sechs Kelche. Es geht um das, was

schon vorhanden ist, sagte Anna, es geht um Stärke und Lust. »Es geht um die Instinkte. Man darf sich etwas wünschen.«

Ich hätte über Anna gerne eine Geschichte geschrieben. Aber ich traute mich nicht, das Feld der Karten zu verlassen, die Inszenierung zu unterbrechen, ihr meine Neugierde zu gestehen. Aber der Drang, mir die Wahrsagerin für das neue Buch einzuverleiben, entstand, während ich noch in ihrem Zimmer saß. Dazu müsste sie mehr von sich erzählen.

Die siebte und vorletzte Karte zeigte einen Stern mit einer Biene in der Mitte.

»Angst davor, gestochen zu werden, Angst vor Schmerz, Verlustangst. Du musst aufpassen, dass du nicht verletzt wirst«, sagte Anna. »Geh aus der Angst raus.«

Die große Angst bei der Anbahnung einer Geschichte bezieht sich auf die Reaktion der Leute, wenn sie erfahren, dass ich etwas von ihnen haben möchte. Ob sie wohl verstehen, dass ich ihnen nichts abkaufen, sie stattdessen auf einen Kaffee einladen und ihnen zuhören will? Akzeptieren sie das, ohne dass die Enttäuschung sie verbittert? Das ist etwas so Heikles, schnell Kippendes, dass ich vorsichtig agieren muss. Einmal korrespondierte ich über mehrere Tage mit einem jungen Mann namens Moritz, der kurz vor Weihnachten seinen nagelneuen Burberry-Schal in Originalverpackung (OVP) verkaufen wollte.

Original Burberry Schal aus Kaschmir NEU OVP
Preis: 150 € VB

Sehr geehrte Interessenten, hiermit biete ich meinen originalen Burberry-Schal aus 100% Kaschmir an. Der Schal ist neu und originalverpackt. In der Farbe creme beige. Den Schal hab ich zum 18. Geburtstag bekommen. Die Maße dieses Schals sind: ca. 170 cm lang und ca. 30 cm breit. Bei weiteren Fragen einfach anrufen und fragen. Der Preis ist verhandelbar!!!!

Nachricht von mir
Hallo, jetzt wäre es nur noch gut zu wissen, wie alt Sie jetzt sind?

Moritz
Wieso ist das wichtig? Solche Informationen brauche ich Ihnen nicht zu beantworten.
Nachricht von mir
Ich meine: Wie alt ist der Schal? Sie haben geschrieben, Sie bekamen ihn, als Sie 18 wurden.

Moritz
Ach so hahahaha. Ich bin immer noch 18.

Nachricht von mir
Ok, dann ist der Schal also neu. Danke

Moritz
Sie können sich den Schal auch mal anschauen, also wir können einen Termin vereinbaren und Sie schauen sich die Dinger an.

Moritz
Nein das war Autokorrektur wollte schreiben den Schal aber hatte mich vertippt und es kam Dinger.

Moritz
Hallo besteht noch Interesse beim Schal?

Nachricht von mir

Ich habe ein bisschen Bedenken bzw. Skrupel – das ist immerhin ein Geschenk zu Ihrem 18. Geburtstag! Und ein so schönes wie teures dazu. Oder haben Sie bereits so viele Burberry-Schals, dass Sie darauf verzichten können? Und falls das Geschenk von Ihren Eltern kommt, sind die vielleicht traurig, wenn Sie es verkaufen? Ich will ja keinen Ärger mit Ihren Eltern haben.

Moritz

Skrupel brauchen Sie nicht haben, meine Eltern können sich schon teure Klamotten leisten, die sind nicht arm. Außerdem hab ich mit meinen Eltern schon geklärt, dass ich den Schal verkaufe, denn ein Burberry-Schal ist nichts für einen 18-jährigen. Die Eltern haben mir schon einen neuen Schal gekauft, einen Gucci-Schal, das ist eher mein Typ. Da ich schon Ersatz bekommen habe, brauche ich den Burberry-Schal nicht mehr und will mir mit den Verkäufen etwas sparen.

Moritz

Hallo besteht noch Interesse beim Schal? Ich könnte auch zu Ihnen kommen, ist ja kein Problem, dieses Wochenende bin ich sehr flexibel da ich frei bin. Gute Nacht Ihnen.

Nachricht von mir

Hallo Moritz, Ihr Schal ist ja wirklich Luxus und deutlich günstiger als der Originalpreis, aber ich habe jetzt einen HugoBoss-Schal gekauft – sorry. Darüber hinaus hätte ich eine Frage: Ich kaufe nicht nur regelmäßig bei eBay, ich schreibe auch ein Buch über die Menschen und Geschichten hinter den Anzeigen und Gegenständen. Ich sende Ihnen einen Link zu meiner Website und zu einem Vortrag, den ich an der Uni Zürich kürzlich zu diesem Thema hielt. Wenn ich Sie über Ihre Erfahrungen beim Anzeigenportal eBay interviewen dürfte, würde ich mich freuen. Ich weiß nicht, ob Sie überhaupt schon Erlebnisse und Erfahrungen mit eBay gesammelt haben, aber ich fände es interessant, jemanden aus Ihrer Generation dazu zu hören, denn alle Berliner, die ich bisher interviewt habe, sind älter als Sie. Vielleicht haben Sie ja Zeit und Lust?

Moritz meldete sich nie wieder, der Burberry-Schal aber tauchte in weiteren Anzeigen noch monatelang auf, und ein Freund von mir machte sich den Spaß, als Interessent aufzutreten, um neue Schal-Geschichten zu erfahren. Mal antwortete David aus Schöneberg, dann Jakob aus Zehlendorf oder Bernd aus Steglitz, es schien unter ein und derselben Telefonnummer einen großen Vorrat an Burberry-Schals in OVP zu geben. Der Besitzer, vielleicht ein Dieb, blieb immer freundlich. »Sie können mich auch telefonisch anrufen« lautete seine verquere Lieblingswendung.

Die letzte Karte, die achte. »Die achte Karte zeigt die übergeordnete Bedeutung«, kündigte Anna mir an. Ich zog eine Karte mit neun Schwertern und einer großen, dunklen Trauerweide. In einem schwarzen Astgeflecht, das aus der Trauerweide wächst, saßen Menschen, Tiere und Fabelwesen, die miteinander verbunden waren.

»Konflikt«, sagte Anna. Wenn ich das Wort »Konflikt« auf mein Buch beziehe, kann ich viel damit anfangen: Alte Gegenstände müssen weg, aber wohin mit dem Hausstand des toten Nachbarn, wohin mit den Geschenken aus alter Freundschaft, aus verlorener Liebe? Im System des Privatverkaufs können die Sachen zu Geld gemacht werden. Oder die Dinge bekommen einen neuen Lebenssinn, was besonders befriedigend ist, wenn es keine Verwandten oder Freunde gibt, denen man sie schenken oder vererben könnte. Über eBay Kleinanzeigen können sie gratis weitergereicht werden, auch ohne eine weitreichende soziale Gefälligkeitsspirale. Was auch dazu führt, dass viele Menschen nur Mist und Müll verschenken. Der Ethnologe Marcel Mauss hat Unrecht, wenn er sagt, die Gabe sei eine feierliche Angelegenheit. Mein Buch ist wie die Trauerweide aus dem Hippie-Tarot, an ihr hängen die alten Sachen und daran die Konflikte der Menschen, die ich treffe und kennenlerne. Ein Konflikt ist in der Dramaturgie ein positiv besetztes Wort. Autoren sind aufgefordert, tunlichst in Konflikten zu denken. Das ist aber auch eine Obsession, diese Konfliktfixierung, man könnte doch auch in Wundertüten denken. In jedem Mensch steckt eine Tüte voller Wunder, und ich wollte Annas Wunder erleben. Deshalb ging ich doch zu ihr, weil sie eben keine Wahrsagerin ist, die sich hinter einem Flitterkostüm und einer Glaskugel in einem Zigeunerwagen versteckt. Wäre sie eine altägyptische Mumie oder ein schmunzelnder Drache, ich wäre auch gern zu ihr gekommen. Ich wollte etwas Besonderes hier erleben, aber alles, was ich bekam, war eine Konflikt tragende Trauerweide. Die Sitzung war beendet.

Anna sagte, sie sei schwer beeindruckt von meinen Karten. Mir war nicht klar, ob sie das immer sagt, eine Floskel, mit der sie ihre Kundinnen und Kunden lobt. Ich spürte nichts mehr. Mir schwirrte der Kopf. War es unbefriedigend? Wir redeten noch ein bisschen über die Möglichkeit, ein eigenes Tarot herzustellen, mit Motiven aus meinem Buch. Kurz war ich begeistert von der Idee, sah fleckige Sofas, grau glänzende Zinnsammlungen, dringend abzugebende Aquarien und originalverpackte Burberry-Schals auf meinem eigenen Tarot, aber die Idee wirkte wie eine Süßigkeit, von der man schnell genug hat. Die neunzig Minuten waren noch nicht ganz vorbei, also plauderten wir weiter, über die Stadt, über die Wohnlage, über

Kunst. Ich lobte ihre Orientteppiche. Es sind besondere Stücke, sagte ich, und dass ich ein Auge dafür hätte, denn mein Vater hätte bis vor kurzem mit Teppichen gehandelt. Anna sagte darauf, sie habe die Teppiche von ihrem Vater geerbt. Er habe Firmen geholfen, die in Schwierigkeiten geraten waren, und er sei abends oft mit Möbeln oder Teppichen aus dem Besitz dieser Firmen nach Hause gekommen.

»Entrümpelungsdienst?«, fragte ich.

»Nein«, sagte sie, »er hat, er hat ...«, sie stammelte. Sie kam nicht drauf. Sie versuchte die Tätigkeit zu beschreiben. Er habe, sagte sie, einen Schreibtischjob gehabt. Es sei dabei um die Geschäftsführung gegangen. Um die Finanzen. Die Firmen hätten große Probleme gehabt, und er sei dann gekommen ... um die ... und dann habe er ... er musste ... er war. Aber sie kam nicht auf das Wort und stammelte und stotterte, dass es nur so seine Bewandtnis hatte. War er Konkursverwalter, fragte ich.

»Ja!«, rief sie erleichtert. »Konkursverwalter!«

Aber ich fühlte mich nicht erleichtert, als ich wieder auf dem Weg nach Hause war und über all das nachdachte. Die nebenerwerbliche Wahrsagerin steckte selbst in der Klemme, was beim Abschied nochmals deutlich wurde, als ich die vereinbarten 45 Euro bezahlen wollte, sie mir aber meinen 50-Euro-Schein nicht wechseln konnte und deshalb nur mit den 43 Euro vorliebnehmen musste, die ich außerdem in der Tasche hatte. Sie wollte, dass ich ihr den ganzen Fünfziger daließ, aber dazu war ich nicht generös genug, was mir jetzt leidtat. Warum war ich nur so störrisch geblieben, so geizig? Weil ich von ihr keine Geschichte bekommen hatte? Weil ich ratlos geblieben bin? Hatte sich nicht doch etwas offenbart? Interessant, dass ihr das Wort »Konkurs« nicht einfallen wollte. Sie hatte gestammelt und gestottert, wie aus einem Lehrbuch der Psychoana-

lyse. Ich führte mir das Bild noch einmal vor Augen, nicht das Tarot mit den Regenbögen und Nackttänzern, sondern das Bild, das sie und ich in diesem Zimmer abgegeben hatten: die Wahrsagerin Anna und ihre Kundin, und dazu die Möbel und Teppiche aus längst liquidierten Firmen der alten Bundesrepublik Deutschland. Mein eigener Vater steckte in diesen Tagen in einem Konkursverfahren. Er war nach 40-jähriger Selbständigkeit pleitegegangen. Ein griechischer Kunde, ein Warenhausbesitzer, hatte gelieferte Waren – Orientteppiche in Millionenwert – nicht bezahlt und war spurlos verschwunden. So etwas kam vor, aber früher fand sich immer ein Rechtsanwalt, der wiederum eine Gruppe junger Motorradfahrer kannte, wie mein Vater das nannte. Motorradfahrer, die man bei säumigen Kunden vorbeischickte, damit die vor dem Haus des Kunden ein bisschen die Straße hoch und runter fuhren, knatterten und Lärm machten. Das hatte meist die gewünschte Wirkung und ging schneller, als auf einen gerichtlichen Pfändungsbeschluss zu warten. Mit den Griechen aber war das anders, die verschwanden auf ihren Yachten. Motorräder bewirkten da nichts. Den Verlust hatte mein Vater nicht mehr kompensieren können. Es war vorbei mit dem Lager im Freihafen und dem zufriedenen Schlaf eines alten, immer sehr tüchtigen Mannes, der nicht genug für sein Alter zurückgelegt hatte. Wir wissen nie, was uns die Zukunft bringt, sagte mir mein Vater oft, als ich klein war und er noch jung. Und es hallte durch die Straßen: Die Teppiche der Wahrsagerin lachten uns aus.